キリスト教人間学入門

歴史・課題・将来

金子晴勇［著］

教文館

目次

Ⅳ　キリスト教人間学の課題

V　キリスト教人間学の将来

装丁　長尾　優

序文——わたしたちはキリスト教人間学で何を学ぶのか

これまでは「キリスト教人間学」という題の書物は、管見するところ昭和二三年に大塚節治『基督教人間学』(全国書房、一九四八年)が発表されてからはほとんど出版されていないように思われる。この書物はラインホルド・ニーバーの『人間の本性と宿命』(一九四一―四三年)の解説が主たる内容であって、未だキリスト教人間学を組織的に叙述したものではなかったと言えよう。したがって我が国では未だキリスト教人間学を歴史的にも組織的にもまとまった形で展開させるまでには至っていない。というのも「キリスト教人間学」に先立って「人間学」自体がマックス・シェーラーの『宇宙における人間の地位』(亀井裕・山本達訳、白水社、一九七七年)で確立された内容も一般に周知されておらず、学問として人間学は未だ本格的には研究されていなかったからである。つまり一般人間学が先行してこそ、その特殊的な形態である「キリスト教人間学」は学問的に論じられ得るからである。ところで、わたしはこれまで人間学をシェーラーを参照しながら組織的に学んできたし、ヨーロッパにおけるキリスト教人間学の歴史的展開を永きにわたって研究してきたので、学んだことをまとめてみたいと思うようになった。もうすでに最晩年を迎えているので、新しく最近の学問的な成果を学ぶことができなくなっているが、「キリスト教人間学」をできるかぎりやさしく入門書の形でまとめてみたいと考えるようになった(1)。

そこでまず「人間とは何か」という問題意識が歴史においてどのように表明されてきたかを顧みてみたい。

「人間とは一体何であるか」。この問いは思想の歴史とともに古く、そこから同時に、常に新しく、創造的な思索が開始されてきた。この問いはギリシア悲劇時代にはすでに明瞭に立てられており、たとえばソポクレスの「人間讃歌」が伝えるギリシア人の自己理解に表明されている。『アンティゴネー』のはじめのところで合唱隊は次のように人間を讃美している。

不思議なものは数あるうちに
人間以上の不思議はない。
波白ぐ海原をさえ、吹き荒れる南風《はえ》を凌《しの》いで、
渡ってゆくもの、四辺に轟く
高いうねりも乗り越えて(2)。

(呉茂一訳)

ソポクレスによると人間は不思議な存在である。その不思議さは実は人間の偉大さであり、人間は荒海を征服する航海術によって自然を制覇する。さらに耕作術、狩猟術、家畜調教術、言語と知恵、建築と武術という具合に人間の技術が数えあげられる。だが人間には死という限界がある。「ただひとつ、求め得ないのは、死を免れる道、難病を癒す手段は工夫し出したが」とある。それゆえ人間の

偉大さは世界を克服し、その秩序をみずからの力で創造してゆく技術や知恵に認められるが、人は死の限界意識によって神を怖れて生きなければならない。だから自己のみによって生きようとするなら、人間の偉大さは一転して不幸となる。これこそ悲劇を生みだす人間の傲慢であり、「汝自身を知れ」とのデルポイの箴言が警告する当の事態である。この「汝自身を知れ」という自己認識の要請こそ人間学の発端であって、そこには人間が永遠なる神のごときものではなく、有限なる存在にすぎないとの自己認識、つまり人間性の根源的所与もしくは人間性の条件への反省が説かれていた。

ところで旧約聖書の詩編八編四―六節もソポクレスと同様、人間について歌っているが、宗教的な神の観点から本質的な相違をもって人間を捉えている。

あなたの指の業なる天、
あなたの創りたもうた月と星を見ると
あなたが弱き人を顧み
人を心にかけたもうことが
不思議に想われる。(3)　（関根正雄訳）

この詩編の詩人によると人間は全自然の中でとるにたりない無なる存在であっても、神の顧みのゆえに偉大な存在である。人間自身は無であるが、無から有を創造する神への信仰のゆえに人間は偉大である。だから不思議なのは実は人間ではなく神なのである。それゆえ人間の不思議さについて歌う二つの詩歌は、外見上よく似ているが、そこには大きな相違が認められる。ソポクレスは人間の偉大さから出発し、その偉大さのゆえに悲劇を招来する人間の恐るべき宿命を告げる。これに反し詩編は人間の卑小さから出発していって神から授けられた偉大なる栄光に至る。

このように旧約聖書の記すイスラエルの詩人によって、神の創造における人間の偉大さと罪による卑小さとが、ともに語られる。この人間における偉大さと卑小さとの矛盾をキリスト教の源泉である新約聖書はどのように説いているであろうか。ここにキリスト教人間学がはじまるが、その問いをここでは「キリスト教的人間とは何か」という問いに置き換えて新しく考察してみたい。

このことをいっそう明らかに考察するために、ルターの『キリスト者の自由』を参照してみたい。というのもこの作品の冒頭で彼は「キリスト教的人間とは何か」という問いを立て、それを次のように相対立する二命題でもってまず規定するからである。すなわちその第一命題は「キリスト者はすべての者の上に立つ自由な主人であり、だれにも従属しない」というものであり、続く第二命題は「キリスト者はすべての者に奉仕する僕〔つまり奴隷〕であり、だれにも従属する」というものである。(4)この二つの命題によってキリスト教的人間が「自由な主人」と「奉仕する僕」という矛盾した存在であることが示される。では、この矛盾するキリスト教的人間がどのように解明されているのかと読み進めていくと、彼はこの矛盾を「内的な信仰」と「外的な愛の行為」とに、したがって「内的な人間」と「外的な人間」とに、分けて論じていって、キリスト教的な人間は前者によって神から自由な者とされ（第一命題）、後者によって隣人に仕えることができる（第二命題）と説かれる。

ところでこの「内的な人間」と「外的な人間」というのは人間学的な区別なのであって、一般的には「魂と身体」の区分法として用いられてきた。それゆえ、そこには人間学的な手法が採用されている。このように考えるとルターの有名な『キリスト者の自由』という書物にはキリスト教人間学が展開していると言うことができる。この書物にはその他にも「律法と福音」というキリスト教の教義や神と魂との親密な関係とが説かれており、人間学的にも興味が尽きない内容となっている。とりわけこの書物の終わりのところでは、キリスト者は信仰によって神から自由を授けられており、もはや「自己自身において生きるのではなく、キリストと自己の隣人とにおいて、すなわちキリストにおいては信仰を通して、隣人においては愛を通して生きる」と強調される。そして真に不思議なことには、キリスト教的な自由とは結局「自己自身において生きない」ような「自己からの自由」であると説かれていることが判明する。というのも、このような自由なしには、「信仰」も「愛」もなく、ただ自己主張のみがすべてを支配することになるからである。

ここに示したルターの『キリスト者の自由』における「キリスト教的な人間」の姿は彼の思想のほんの一面に過ぎないが、その作品の全体からも詳細に考察することができるし、さらにキリスト教の思想史からも豊かに解き明かすことができる。なぜなら歴史には豊かな知識の宝庫があって、そこから学びながらそれらの資料を参照してわたしたち自身の問題を追求することができるから。わたしたち自身では経験も乏しく、思想も貧弱である。だから大思想家の経験と学説から学んで、キリスト教人間学の豊かな可能性を追求することが不可欠となる。

このことは歴史に含まれている豊かな人生物語についても言うことができる。なぜなら抽象的な概念によっては把握できないことでも、感性的な素材からなる物語では総じて多くのことが生き生きと伝えられているからである。その中には各人に固有な生き方がその生活のもっとも深いところからしばしば表明されていることが知られる。そのさい、各人の最深の自己は、「魂」とか「心」もしくは「霊」によって語られる場合が多い。しかし、ちょっと見たところではそれがわからないことがある。たとえば聖書が語る有名な「放蕩息子」の物語でも、心や霊のことは暗示的にしか述べられていない。この物語でも、彼は放蕩三昧に耽って食べ物がなくなったとき、次のように語ったと言われる。

そこで、彼は我に返って言った。「父のところでは、あんなに大勢の雇い人に、有り余るほどパンがあるのに、わたしはここで飢え死にしそうだ。ここをたち、父のところに行って言おう、『お父さん、わたしは天に対しても、またお父さんに対しても罪を犯しました』」と。

（ルカ一五・一七―一八）

ここでは「我」に返って罪の告白がなされる。この「我」は「自己自身」の意味である。だがこの「我」や「自己自身」について何も語られていないので、そこに何か意味があろうなどとは考えられない。だから、わたしたちは自分の経験にもとづいてこれを解釈せざるを得ない。そこで、わたしたちはこの「我」は「内心」ではないかと考える。この破綻した者の内心は、数々の失敗や裏切りによって傷つき、恥や後悔の念に満たされている。それなのに食べるものがなくなって、初めて自分の失敗に気づくなんて、幼稚すぎるのではなかろうか。だが、その内心の奥には何かが働いており、これまでの行動を罪として捉えているに違いない。そのような「自己」は実は父なる「神の前に立つ自己」であり、神からの光に照らされて「罪を自覚した良心」ではなかろうかと思われる。このような心の最内奥にあって罪を自覚した「心」のことを聖書は「霊」(プネウマ)と呼んでいる(一コリ二・一〇―一二)。この「霊」こそ精神の中核にある「人格の作用」ではなかろうか。こうしてわたしたちはキリスト教人間学が研究の目標としている事柄に到達するのである。

本書の叙述では、まずキリスト教人間学の歴史を重点的に学びながら、現代の課題に答えるべく備えるように努めたい。なお、「キリスト教人間学の将来」では、これまでに解明されてきながら、未だ十分には汲み尽くされていない問題をいくつか取り上げて、その問題をどのようにさらに考察することができるかを示し、今後の研究の方向性を提示するようにしたい。

それゆえ本書を叙述するにあたっては、入門書らしく平明であるように努めるが、思想内容から見てどうしても詳しく論じたり、難解な表現が避けられない場合もある。そのときでもできるだけ事例を多く挙げて、読者の理解を促進するようにこころがけたい。その場合、聖書の中に見事に展開する物語が読者の理解を助けると思われるので、すこし煩瑣になるかも知れないが、旧約聖書におけるイスラエル人の信仰物語や新約聖書の福音書にあるイエスの物語を使って、キリスト教人間学の基礎を説明するように努めた。同様にキリスト教人間学の歴史の叙述でも時代を画した思想家を重点的に考察し、それが現代に生きるわたしたちに役立つ範囲に限って簡潔に説明するように努めた。

註

（1）これまでわたしは『人間学講義——現象学的人間学をめざして』（知泉書館、二〇〇三年）で人間学の確立に努めてきた。さらに処女作『ルターの人間学』（創文社、一九七五年）からはじめて、『アウグスティヌスの人間学』（創文社、一九八二年）や『マックス・シェーラーの人間学』（創文社、一九九五年）また『エラスムスの人間学』（知泉書館、二〇一一年）といった個別研究を積み重ね、さらにヨーロッパの人間学の歴史をホメロスからはじめて現代に至るまで考察し、『ヨーロッパ人間学の歴史』（知泉書館、二〇〇八年）と『現代ヨーロッパの人間学』（知泉書館、二〇一〇年）を完成させてきた。

（2）ソポクレス『アンティゴネー』呉茂一訳、岩波文庫、一九六一年、二八—三〇頁。

（3）『新訳　旧約聖書Ⅳ』関根正雄訳、教文館、一九九五年、一三一四頁。

（4）M. Luther, WA. 7, 38, 6-8.

（5）M. Luther, op. cit. 21, 1-4.

I　人間学との関係

キリスト教人間学は現代の人間学の成立とどのように関係しているのか。これがわたしたちにとって最初の問題である。ヨーロッパ近代においてカント（Immanuel Kant, 一七二四―一八〇四年）は哲学の諸分野を学問的に検討し、認識論や倫理学さらに美学や宗教学に至るまでそれらが学問的に成立する根拠を探求した。彼は最初すべての哲学の問題が人間学に収斂すると考えたが、『実用的見地における人間学』という形で自分の思想を表明した。このカントを継承して人間学は現代ではマックス・シェーラー（Max Scheler, 一八七四―一九二八年）の『宇宙における人間の地位』（一九二八年）によって初めて学問として確立されるようになった。こうして現代の人間学は、そのキリスト教的な背景が認められてはいても、あくまでも自然的な人間の姿を現象学的な考察を通して学問的に考察している。また、この人間学は実存哲学と同時に起こったが、実存哲学のほうが優勢となり、その流行の影に身を潜めていたが、実存哲学の勢いが衰微するに及んで、再び脚光を浴びるようになった。そこでまず人間学の哲学としての特質を総括的に論じてからキリスト教人間学の意義を問題にしてみたい。

1　科学時代における人間の問題

現代は科学の時代である。人間についての科学的な研究も大いに発展し、生物学・心理学・医学・歴史学・社会学・経済学・政治学などの個別科学の観点から研究が進められ、その成果は巨大な知的財産として築き上げられた。しかも現代社会は伝統的な様式によるよりも科学技術によってその方向が決定されるようになった。なかでも生物学や医学の発展はめざましく、その成果が重んじられるようになり、キリスト教人間学の創始者の一人であるパネンベルクは現代を「人間学の時代」と宣言するようになった(1)。したがって人間に関する諸科学の成果を受け容れながら、人間の全体を再考し、新たにその全体像を問題にすることが、今日、哲学のみならず、思想に関心を寄せている者のすべてに課せられた共通の課題となった。それこそ哲学としての人間学が果たすべき課題にほかならない。そのさい、わたしたちは身体・環境・言語・心理・倫理・社会・文化・歴史・宗教など広範囲にわたる現実世界との関連の中で、「人間とは何か」と新たに問い直しながら、人間の本質を把握するように努めなければならない。そのような学問的関心は萌芽としてではあるが、すでにカントの『人間学』（一七九八年）やメーヌ・ド・ビラン（Maine de Biran, 一七六六—一八二四年）の『人間学新論』（一八二三—二四年）によって意図されていた。だが二〇世紀に入ってから生物学の大いなる発展に刺激されて人間学的研究は次第に成熟し、マックス・シェーラーによって初めて学問的に「人間学」が組織

的に確立されるようになった。(2)

人間学的な考察は、古くはギリシア悲劇作家やソフィストの時代から始まる。それはヨーロッパの中世から近代の初めにかけては、もっぱら神学の一部門である「人間論」として扱われ、人間学はあくまでも神学の一分野にすぎなかった。しかし近代哲学の創始者デカルト（René Descartes, 一五九六―一六五〇年）は、神学の権威から自由になって心身の二元論を説き、心が「考える実体」として純粋思惟であるのに対し、身体のほうは「延長する実体」とみなし、その運動を自動機械のように物体的に考えた。こうした傾向はその後の哲学を支配したが、やがて二元論を克服し、カントやメーヌ・ド・ビランを経て、イマヌエル・ヘルマン・フィヒテ（Immanuel Hermann Fichte, 一七九六―一八七九年）の『人間学――人間の心の学』（一八五六年）となり、心の身体化によって人間を一元的に理解するようになった。

このような学問的な発展を経て現代の哲学的人間学が誕生した時点はきわめて明瞭である。それは一九二八年であり、この年にシェーラーが『宇宙における人間の地位』を世に問い、多くの議論が沸騰し、同年にケルン大学の彼の同僚であったヘルムート・プレスナー（Hermuth Plessner, 一八九二―一九八五年）がいっそう広汎な著作『有機体の諸段階と人間――哲学的人間学入門』を発表して一気に人間学を新しい学問の軌道に乗せるに至った。このような人間学誕生の理由をシェーラーは次のように語った。「人間を研究対象とする個別科学がいやがうえにも増加したことが、人間の本質を明らかにするよりもむしろ、遥かにそれを分からないものにしてしまう。したがって人はこう言える、歴史上いかなる時代も今日のように人間が問題視されたことはない(3)」と。同時代の実存哲学者ハイデカー（Martin Heidegger, 一八八九―一九七六年）も同様な趣旨のことをシェーラーに献呈した『カントと形而上学の問題』において語っている。[4] しかし、そこにはこれまで哲学によって探求されてきた存在論や認識論を人間の全体的解明によっていっそう深く基礎づけるという要請があったと言えよう。

さて「人間とは何か」という問いや関心は人類の歴史とともに古く、人間は目の前に広がる世界だけでなく、他者とともに生きる社会や自己自身をも知ろうと願ってきた。生の哲学者ディルタイの弟子で著名な『哲学的人間学』を著わしたグレトゥイゼン（Bernhard Groethuysen, 一八八〇―一九四六年）の簡潔な定義によると、人間学というのは一般的に言って「人間の自己自身についての知識」である。[5] この意味では、デルフォイの神殿の扉に記されていた「汝自身を知れ」という銘にも、ソポクレスの「人間讃歌」にも、さらにスフィンクスの謎かけにも人間学は示唆されている。[6] 事実、自己を知る自己認識こそ、芸術・宗教・哲学における人間の知的探求の究極の目的であると言えよう。それゆえ「世の中の最大の事柄は自己自身を知ることである」と懐疑家のモンテーニュ（Michel de Montaigne, 一五三三―九二年）も語っている。実際、人間の思想的営みのすべてはその背後にある人間学に還元されると言っても決して言い過ぎではない。フォイエルバッハが「神学の秘密は人間学である」と主張したことも、この還元を意味する。[7] こうした人間学的な問題意識と還元の試みの中でも次の二つの問いが重要である。

2　カントの問い

カントは近代の啓蒙時代に哲学の全分野を批判的に検討した哲学者として注目すべき存在であるが、その著作『論理学講義』の中で提示した課題がもっとも注目に値するように思われる。彼によると哲学の全分野は次の四つの問いに要約され、しかもそれらの問いはすべて人間学としてまとめられる。

一、わたしは何を知ることができるか。二、わたしは何をなすべきか。三、わたしは何を望むことが許されるか。四、人間とは何か。第一の問いには形而上学が、第二の問いには道徳が、第三の問いには宗教が、そして第四の問いには人間学が答える。……最初の三つの問いは最後の問いに関連しているから、結局、わたしたちはこれらすべてを人間学と見なすことができよう。(8)

このような人間学へと哲学を還元する試みは提示されただけで、実際には実現されなかったが、それはカントの批判哲学全体の構成と展開の中に姿を変えて見いだされる。彼が批判哲学を完成させた後で一般学生に講義した『実践的見地における人間学』を見ると、そこでは主に「経験的人間学」が展開する。たとえば人間知や世間知といった世俗的な生き方、一例を挙げると「怜悧」(Klugheit) のような他人に巧みにとりいって影響を与える「実際的人間知」について論じられており、彼によって先に立てられた人間の全体的本質を問う根本問題には残念ながら彼は取り組んでいない。このカントの提出した問いについてさまざまな解釈がなされているが、一般的に言って啓蒙主義の時代には、カントが予感していたにもかかわらず、人間存在の全体はいまだその心の深みまでは徹底的に問題視されてはいなかったと言えよう。同様のことはヘーゲルの哲学体系を人間学へと還元したフォイエルバッハに関しても言えるであろう。というのも彼によってヘーゲル哲学の体系が人間学に還元されたとしても、人間自体が感性的にして唯物論的に把握されており、いまだ全面的には人間が問題視されていなかったからである(9)。そのような問題意識が芽生えるためには、人間に関する諸科学が十分に発達した上で、人間自体を、これまでの多様な解釈を含めて、全面的に問い返す必要があった。

3　シェーラーの人間学的な問い

そのように人間を全面的に勇気をもって問い返すことを最初に実行したのがマックス・シェーラーにほかならない。彼は『人間と歴史』(一九二六年)という論文のなかで人間学の現況について次のように語っている。

現代ほど人間の本質と起源に関する見解が曖昧で多様であった時代はない。……およそ一万年の歴史をつうじて人間がみずからにとって余すところなく完全に「疑問」となり、人間とは何かを人間が知らず、しかも自分がそれを知らないということを人間が知っている最初の時代である。

したがって「人間とは何か」に関する確固たる認識を再び獲得しようとするならば、ひとたびこの問題に関する一切の伝統を完全に白紙に戻す意向をかため、人間という名の存在者から極端な方法論上の距離をとってこれを驚嘆しつつ注視するようにする以外に方法はない[10]。

このように語ってから、彼は現代における人間科学の巨大な成果について述べた後に、この知的素材を支配し組織する方法も認識も進歩していない点を指摘する。しかも人間はこのような自己についての認識の欠如に気づくようになったとも付言する。そこで彼はこのように極度に問題的になった状況に直面し人間に関する考察を開始するにあたって、人間の自己認識の歴史、つまりその自覚史を辿り、「神秘的・神学的・宗教的・哲学的人間論」によって紛糾している事態を憂い、それからまったく自由になって、あくまでも具体的な人間の現象を考察の対象にすべきであると説いた。こうして彼は人間に関する五つの類型、すなわち「宗教的人間・理性的人間・技術的人間・生命的人間・人格的人間」をとりだして論じた。このような問題意識に立って現代の人間学は発展してきており、生物学・医学・社会学・心理学・歴史学・経済学・政治学などの分野から人間学的解明の試みが続々と発表されるに至った。だが諸科学によって解明された人間についての豊かな成果は、必ずしも思想的に統一されたものではなく、それぞれの学問的立場から企図された学説を検討するならば、人間性の統一というものはきわめて疑わしい。つまり経験的事実として提示されているものも最初からある特定の個人的な前提・立場・世界観・イデオロギーから導き出されている場合が多い。したがってそこでは考察する人の私的な考えが決定的な役割を演じており、個人の気質や傾向性が研究方向を決定している。たとえばニーチェ（Friedrich Wilhelm Nietzsche, 一八四四―一九〇〇年）は「権力意志」を宣言し、フロイト（Sigmund Freud, 一八五六―一九三九年）は「リビドー」を強調し、マルクス（Karl Marx, 一八一八―八三年）は「経済的・社会的下部構造」を重要視する。しかもこうした世界観に特有な一元論的観点からすべてを解釈しようとするため、豊かな内容をもつ経験的事実は牽強付会にも自己の学説のなかに無理に押し込められるか、または勝手に切り捨てられてしまう。そこで、わたしたちは人間そのものの姿を直視しかつ再考するために、無数の理論によって塗りたくられた人間のイメージのすべてを白紙に還元し、厚いヴェールによって蔽われた仮面を剝ぎとり、人間と呼ばれる実在の素顔を見ることから始めなければならない。したがって諸々の学問を人間学に還元するだけでなく、人間学的な成果をも再度人間自体に還元することを試みなければならない。それゆえ、わたしたちは人間学の歴史的展開を追求しながら、思想家の歴史的・個人的前提を批判的に吟味し、可能なかぎり人間のありのままの姿を探求することを試みなければならない。

4　人間学の方法

こうした還元に始まる人間学の方法について述べておきたい。わたしたちはまず現代の生物学・医学・心理学・言語学・社会学・歴史学・政治学・経済学といった諸科学の成果を受容しながら人間学を新しく構成しなければならない。ではそのような諸科学の成果はどのように受容されねばならないのか。啓蒙主義の哲学者カントが採用した方法は当時の考えにとっては批判的であったかも知れないが、それでも観念的なものであった。彼は観念的な立場、つまりいわゆる「超越論的主観性」[11]によって一切の経験的なデータを処理しようとした。それに対しわたしたちは所与のデータを主観によって一方的に処理するのではなく、それを対話的な交互性によって関与していく「創造的な主体性」の内に取り入れることこそ、現代における人間学の根本的課題でなかろうか。観念論というのはたとえばプラトンのイデア論のように、認識が感覚的な素材との関係から離れてしまうため、単なる観念の再生産にすぎなくなってしまう。それはちょうど鉄が鋳型に注ぎ込まれるように、物質（つまり質料や素材）は形相（つまりイデアや観念）によって形を与えられるのと同じである。[12]そこでわたしたちは観念的な主観性ではなく、他者との具体的な関係の中で創造的に作用している主体的な精神を確立しなければならない。[13]この種の精神はその本質において行為的であり、人格の作用によって他者に働きかける行為の遂行の中に現象しているため、「間主観的」な特質を備えている。ところが、これまでの思想史においては精神が身体を伴った行為から理解されず、身体から分離して理解されることが多かった。たとえばプラトンやデカルトなどの心身二元論がその代表である。彼らの影響が今日に至るまでどれほど強くとも、それは終始一貫して疑問視されなければならない。もちろん何かを考察するためにはわたしたちは全体を部分にわけて分析しなければならない。しかし全体は部分によって単純には再構成されない。なぜなら全体は部分の総和以上の内容をもっているからである。このことは人間自身においても、人間の集団においても真理である。それは人が対話している状況を考えてみると明らかであって、対話している双方に還元できない「共有の実り」が対話から生まれてくる。そしてそれは「部分の総和以上の内容」と言うことができる。またその内容は、部分に属さないで、部分を統合する、したがって心身を統合する「精神」から生じるとみなすべきである。これまでの歴史において人間と人間とを、また人間の集団を、統合しているものは何か。この人間を統合する原理をギリシア人は「宇宙」に求め、キリスト教徒は「神」に求め、近代人は「自我」に求めてきた。そこに人間学の歴史と基本的な類型とが認められる。近代を受け継ぐ現代に生きるわたしたちは、近代的な「自我」に対する反省から出発し、近代的主観性を徹底的に批判かつ検討し、真に人間的で創造的な精神を回復しなければならない。

最後に、ボルノウ（Otto F. Bollnow, 一九〇三―九一年）が説いている人間学的原理を参考にしながら、これまで述べてきた人間学の方法を要約しておきたい[14]。

(1)人間学的還元の原理　これまで考察してきたことからすでに明らかなように、人間学は人間の営みのすべてを人間自身に還元していく。これが「人間学的還元の原理」である。

(2)人間学的構成の原理　この還元に続く「構成」は、主観の作用にのみ委ねられるべきではなく、科学・芸術・宗教・政治・社会といった文化の領域のうちに、したがって単なる主観的思惟によっては把握できない文化的な統一の働きに関与しながら人と人とを結びつける精神を捉え、それを基礎にして対話的な認識を確立すべきであろう。このような統一する精神の作用にもとづく構成は「人間学的構成の原理」と呼ばれうる。

(3)人間学的未確定の原理　これはプレスナーがその学説「脱中心性」[15]によって明確に提示したもので、人間が簡単には定義できない特質をもっていることを言う。それは実存哲学がとくに力説した点でもあった。何らかの観点なり立場から人間を定義しても、どうしても一面性を免れないし、それをさらに反省してみるとその定義は不完全なものとして突破されてしまう。とはいえ、このことは知的絶望を意味するのではなく、かえって人間のうちに隠され秘められている人間性の豊かさを示唆する。こうして人間学は、隠されている人間の現実に絶えず立ち向かい、驚きの念をもって、常に新たに、この汲めども尽きることのない人間存在の解明を志すのである。

5　キリスト教人間学の特質

わたしたちが探究するキリスト教人間学は、これまで考察してきた一般的人間学に対して特殊な観点から人間を解明しようとする。それは序文で指摘したように「キリスト教的な人間とは何か」という問いから出発し、さらに神に対する信仰という視点から人間を解明してゆく。そこにはキリスト教の信仰による人間の理解が、イエスや使徒パウロからはじまって今日に至るまで継続して解明されている。それゆえ、わたしたちはその歴史を考察するだけでなく、現代における人間学の成果をも尊重しなければならない。さらにキリスト教信仰の本質を問題にすると、単に永遠者である神を扱うだけでなく、神との人格的な関係がキリストを通して確立されるところに基礎が据えられなければならない。したがってキリスト教人間学は一般的な宗教的人間学とも明瞭に区別されなければならない。この意味でキリスト教人間学は、通常の哲学的人間学とも宗教的人間学とも相違する特殊な視点から人間を解釈する学問であると言えよう。しかし、この特殊性は一般性を拒否するものではなく、かえって一般性を豊かにする可能性をもっていると考えるべきである。そこで、これまでのキリスト教人間学の歴史を顧みて一般的で哲学的な人間学との相違点を要約して挙げておきたい。

(1)人間学的区分法の相違　プラトンとデカルトは心身の二元論に立っていた。そこから精神と身体の二分法が説かれるようになった。カントも本体界と現象界の二元論に立っているが、認識論では「感性・悟性・理性」の三分法を採っている。シェーラーは自我と人格の二元論に立っているが、有機体がもつ五段階説を採用している。それに対しキリスト教は心身の二元論を全く知っていない。むしろ人間の全体を神との関係で捉える。このことはテサロニケの信徒への手紙一、五章二三節の「霊・魂・身体《からだ》」の三分法として示され、それがオリゲネスとエラスムスまたルターによって継承され、人間学的三分法の伝統を形成している。

(2)人格としての人間の捉え方　哲学的人間学がシェーラーの『宇宙における人間の地位』という表題に示されるように宇宙論的傾向をもっているのに対し、キリスト教人間学は宇宙をも創造した人格神の観点から人間を考察する。それゆえ人間の自然主義的考察よりも人格主義的考察が絶えずなされ、基本的な範疇として「神の前」(coram Deo; vor Gott) と「人々の前」(coram hominibus; vor den Menschen) が立てられる。人間は「神の前」に信仰によって立ち、「人々の前に」愛によって行動する。前者が「内的な人間」であり、後者が「外的な人間」である。

(3)「神の前に立つ人間」を表わす言葉　人間が問題となる場合、一般に使用されている人間概念の曖昧さのゆえに「人間」よりも、「人格」やその中核となる言葉が選ばれる。たとえば聖書では

「霊」（ルーアッハ、プネウマ）、アウグスティヌスでは「心」（cor）、ルターでは「良心」（conscientia; Gewissen）、シュライアーマッハーでは「心情」（Gemüt）がそれぞれ「神の前に立つ人間」を言い表わす概念として採用される。

このようなキリスト教人間学の特殊な考えや特質は歴史を通して次第に形成され、自覚されるようになった。それゆえキリスト教人間学の現代における課題を考察するに先立ってその歴史の歩みを重点的に理解しておく必要がある。歴史を通して次第に明らかとなってくるキリスト教的人間学の特色を「聖書の人間観」からはじめて、これから少しずつ紹介していきたい。

註

（1）W・パネンベルク『人間とは何か――神学の光で見た現代の人間学』熊澤義宣・近藤勝彦訳「現代キリスト教思想双書14」白水社、一九七五年、三四五頁。

（2）哲学的人間学はドイツ語圏ではAnthropologieと表現され、「自然人類学」や「文化人類学」から区別されており、昔から「人間に関する理論的な総合的研究」として考えられてきたが、英語圏では、人類学と区別して「哲学的人間学」（philosophical anthropology）と呼ばれてきた。人類学が一般に人間の経験的側面をそれぞれの専門の視点から研究し、人間の一部分や特殊な領域を問題にしているのに対し、哲学的人間学はその全体を理論的に考察しようとする。

（3）M・シェーラー『宇宙における人間の地位』亀井裕・山本達訳「シェーラー著作集13」白水社、一九七七年、六頁。この書の内容については金子晴勇『マックス・シェーラーの人間学』創文社、一九九五年、第一章を参照されたい。
(4) M・ハイデガー『カントと形而上学の問題』木場深定訳、理想社、一九六七年、三六節参照。
(5) B. Groethuysen, Philosophische Anthropologie, 1909, 2Aufl. S. 3.「あなた自身を知れというのが、すべての哲学的人間学のテーマである。哲学的人間学は自己省察であり、自己自身を捉えようとする人間の絶えず新たになされる試みである」。
(6) 本書、序文一〇頁参照。およびソポクレス『オイディプス王』藤沢令夫訳、岩波文庫、一九六七年、一二一—一二二頁参照。
(7) L・A・フォイエルバッハ『将来の哲学の根本命題』松村一人・和田楽訳、岩波文庫、一九六七年、九七頁。この有名な命題は「哲学改革のための暫定的命題」(一八四二年)の冒頭に出ている。
(8) I. Kant, Logik, ein Handbuch zu Vorlesungen. Phil. Bibl. S. 27. このカントの問いに関する解釈としてM・ハイデガー『カントと形而上学の問題』第三八節と、M・ブーバー『人間とは何か』児島洋訳、理想社、一九六八年、第二部第三章を参照。
(9) ブーバー、前掲訳書、六七頁。
(10) M・シェーラー『人間と歴史』『哲学的世界観』亀井裕・安西和博訳「シェーラー著作集13」一二八—一二九頁。
(11) カントの批判哲学の方法は「超越論的方法」と言われる。それは認識の対象に主観の意識が関わる仕方を解明する。こうして認識は主観の有する認識能力によって可能となるが、従来説かれてきたように、認識が対象に従うのではなく、むしろ対象がわたしたちの認識に従わねばならない。このような考え方の転回は、認識論上カントの「コペルニクス的転回」と言われる。すなわち星群を観察している者を回転させ、逆に星群を静止させたわけである。

（12）それと同じく、カントも自然をその形式に従って、法則の下に立つ存在者として定義し、またその実質に従って、つまり連関の中にあるものを考慮して、「現象の全体」（Inbegriff der Erscheinung）と定義した場合にも、この事態がよく示される（I・カント『プロレゴーメナ』土岐邦夫・観山雪陽訳「世界の名著32」中央公論社、一九七二年、一五三頁参照）。なお、この点についてG. Krüger, Grundfragen der Philosophie, 1965, S. 190ff. をも参照。

（13）精神は行為的な理性として現実に働きかけている。そこに創造的な働きが見られる。しかも他者との具体的な関係の中で行為は起こっているのであるから、理性の機能も感性の声、他者の声、神の声、象徴的な声などを聞きながら現実に創造的に関わっている。

（14）O・F・ボルノウ「哲学的人間学とその方法的諸原理」藤田健治他訳『現代の哲学的人間学』白水社、一九七六年、二七―三四頁。彼は「四つの方法的根本原理」を説いている。すなわち、一、人間学的還元の原理、二、人間学の機関原理、三、人間的生の個別現象の人間学的解釈の原理、四、開かれた問題の原理。

（15）「もし人間の脱中心的地位に関する私の説が正しいとすれば、人間にとってはこれらの限界といえども透明なものとなり、自由に処理できるものとなるであろう。人間の本性が人間に、限界設定から身を引かせるのである。人間はあらゆる定義から身を引くのである。つまり人間は隠れたる人間（Homo absconditus）である」（H・プレスナー「隠れたる人間」O・F・ボルノウ／H・プレスナー『現代の哲学的人間学』四三頁）。

Ⅱ　聖書の人間観

旧約聖書の冒頭には天地創造の物語が記されている。そこには異教のバビロン神話に対決して神による世界創造が説かれた。「初めに、神は天地を創造された。地は混沌であって、闇が深淵の面にあり、神の霊が水の面を動いていた」(創一・一)。このように語りだす創造物語にはまず神が存在しており、創造以前に混沌状態に向かって「神の霊が水の面を動いていた」とあって、世界を創造し支配する人格神の働きが強調される。(1) この創造物語の中には人間が「神の像」として造られたとあって、模像が原像に向かうように人間が神に対向する存在として説かれるのみならず、神から人に「命の息(霊)」が吹き込まれて、人は生きる者となったとある(創二・七)。それゆえ人も絶えず神に立ち向かって、神に対する信仰によって自己を形成すべき使命をもっている。こうした人格神に対する信仰によって形成された人間観は、ユダヤ教やキリスト教によって継承され、聖書の人間観を生みだした。

1　旧約聖書における「魂」「肉」「霊」の意味

まず初めに銘記しておかねばならないことは、聖書の人間観が魂と身体というプラトン的な二元論を全く知っていないということである。プラトンの哲学では心身は分離して二元論的に把握されており、それに対してアリストテレスは心身を分離しないで、総合的に理解し、これを「形相」と「質料」という形而上学の概念によって捉え直し、身体を人間の質料とし、魂をその形相とした。したがって形而上学的な二元論が依然として残存する。

それに対し聖書はギリシア哲学ではあまり知られていなかった「霊」（rûaḥ, ルーアッハ）という独自な言葉によって新しい人間の次元を導入した。これこそ聖書が人間を語る「中核」となる概念である。これによって開示される新しい次元は、心身の二元論とは異質の「霊」の次元であり、そこから「霊と肉」という神学的な区別も説かれた。だがこの霊肉の区別は、人が神に対し心身の全体でどう関係するかによって捉えられた。

旧約聖書では心・魂・肉・霊といった用語が厳密には区別されないものとして使用されており、それらは耳や口、手や腕と同じく、相互に置き換えることができる。たとえば「主の庭を慕って、わたしの魂は絶え入りそうです。命の神に向かって、わたしの身も心も叫びます」（詩八四・三、傍点筆者）とあるのを見ても明らかである。

そこでまず「魂」（nepheš）[2]について考えてみよう。人間を表わす基本概念であるこのネヘシュは、一般的には「魂」と訳される。だが、この語は魂だけでなく多様に語られ、たとえば「生きもの」であって、「息」という言葉と似ている。こうして人間の創造の始めに「主なる神は、土（アダマ）の塵で人（アダム）を形づくり、その鼻に命の息を吹き入れられた。人はこうして生きる者（ネヘシュ」となった」（創二・七）とある。つまり人間は創造主によって「息」を吹き込まれたネへシュ、「生きもの」である。[3] また魂は有機体の生命より優れたものであって、情意の座であり、初期ギリシア思想のテュモス（胸中や気概）と比較されうる。したがって、それは純粋に精神的ではなく、「非身体的」という意味で捉えられる。だから身体的状態を示す感情も魂に帰せられる。[4]

また魂は「心」もしくは「心臓と腎臓」のように生命の中枢である特定の器官によっても表現されるように、魂という言葉は外的なものを含めた人格の全体を表わす。それは困窮し、生命を切に求め、活力あふれる人間を表わすが、極端な場合にはその反対に「遺体」や「死体」をも意味する（レビ二一・一、民五・二）。だから墓の中や地下の魂についても物語られる（詩一六・一〇参照）。それゆえネへシュはギリシア的なテュモスよりも広範囲に適用される。

魂によって人間が統一された全体を意味するがゆえに、心身の分離はなく、内界と外界の区別もない。だから、ある人の魂を知ることはヘブライ人にとってその父や家柄を知ることでもある。また行動や思考の強烈さによって魂は自己を表明する。つまり計らいと実行によって魂は自己を表現する（箴一九・二、イザ四六・一〇）。

次に「肉」（bāśār, バザール）について考えてみたい。人間は魂であるが、肉でもある。[5] したがってバザールは人間だけでなく、動物ももっている特性である。[6] 旧約聖書では肉も魂である。つまり人間は「魂」とも「肉」とも呼ばれる。[7] また肉という言葉は弱くもろい人間の命の特質を言い表わし、「神に依り頼めば恐れはありません。肉にすぎない者がわたしに何をなしえましょう」（詩五六・五）とか「生きとし生けるものは〔バザールはすべて〕直ちに息絶え、人間も塵に返るだろう」（ヨブ三四・一五）と言われる。とくにバザールは過ぎ去った人間を言い表わし、聖なる神の前では人間はもろいばかりか、罪にも陥りやすい。「肉なる者は皆、草に等しい。……草は枯れ、花はしぼむ」（イザ四〇・六、七）。

人間の身体的な側面ではその被造性における脆弱さが問題となっている。神は決して「肉の」目で見ないし、人間よりも本質に即して見る（ヨブ一〇・四）。それに反し人間は「肉」であり、すべて生けるものは過ぎ去る。これは人間が神との関係で見られるからである。この肉に対立するのが「霊」である。たとえば「エジプト人は人であって、神ではない。その馬は肉なるものにすぎず、霊ではない」（イザ三一・三）と言われる。

終わりにこの「霊」としての人間について述べてみたい。旧約聖書は神を霊として語っているが、人間もまた霊を所有する。彼は霊そのものではないが、霊は彼を生かす力である。「霊」（ルーアッハ）は、「風」や「息」を意味し、神は最初の人間の鼻に命の息を吹き込んでいる（創二・七）[8]。「息」としてのルーアッハは自然力であり、人間の生命力である。「主である神はこう言われる。神は天を創造して、これを広げ、地とそこに生ずるものを繰り広げ、その上に住む人々に息（ネサーマ＝息吹）を与え、そこを歩く者に霊（ルーアッハ）を与える」（イザ四二・五）。したがって「霊が人間を去れば、人間は自分の属する土に帰る」（詩一四六・四）。そこには神の働きが関与している。「もし神がその霊と息吹を御自分に集められるなら、生きとし生けるものは直ちに息絶え、人間も塵に返るだろう」（ヨブ三四・一四―一五）。

「霊」という言葉は同時に「知恵の霊」とか「偽りを言う霊」のように使われるが（申三四・九、王上二二・二二)、それは人間の特別な精神的機能を意味していない。それはむしろ生命が生じ、神との関係で見られる力の領域を意味する。たとえば「わたしは、高く、聖なる所に住み、打ち砕かれて、へりくだる霊の人と共にあり、へりくだる霊の人に命を得させ、打ち砕かれた心の人に命を得させる」(イザ五七・一五)とある。この意味で肉は過ぎ去りゆく徴として霊に対置される。そのさい人間は同時に被造物として神に対向して立たされていることを知る。そこから「〔エジプト人〕その馬は肉なるものにすぎず、霊ではない」(イザ三一・三)、また「草は枯れ、花はしぼむ。主の風が吹きつけたのだ。この民は草に等しい」(イザ四〇・七)とある表現も理解される。このように霊と肉という言葉は、魂と同じく、二元論的な人間を表わさないで、神と関係する人間を示す。

旧約聖書の人間学的用語を検討すると、その人間像がきわめて単純であって、哲学的な反省以前の素朴さを特徴としていることが判明する。したがって、そこには哲学的な関心がなく、心身の二元論的な区分はない。それに反して宗教的な関心が現われており、人間は神との関係の中で問題となる。だから身体・魂・霊という人間の部位を示す言葉によって特定の精神状態が表現される。たとえば「肉」(バザール)は動物と共有する人間の有限な生存を、「魂」(ネヘシュ)は弱く脆いがゆえに神を渇望する有様を、「霊」(ルーアッハ)は神に由来する生命の原理を表わす。また人間の統一は「魂」で捉えられていても、各人の特徴は神関係を示す「肉」と「霊」で表現される。人間は弱く肉なる被造物にすぎないとしても、それでも神の霊によって強く生きることができる霊的な存在なのである。

2　天地創造と堕罪の物語

旧約聖書の冒頭には天地創造の物語が記されている。創世記一章から二章四節までの記事は学問上「祭司資料」と呼ばれる。それに続く二章の終わりまでの記事は「ヤハウェ資料」と称されており、最古の資料である。祭司資料というのはイスラエルの滅亡のときバビロンに連れていかれた祭司たちが当地の文化に触れ、自分たちの文化的伝統を保存するために古い記録に加えたものである。なかでも異教のバビロン神話に対決して彼らは天地の主なる神による世界創造を説いた（創一・一―一九）。

この創造物語には創造以前に混沌状態が置かれており、「神の霊が水の面を動いていた」とあって、バビロン神話で始原の神であった「水」の上に、それよりも高みにあって力において勝る神が「霊」をもって支配している有様が語られる。ここでの「霊」（ルーアッハ）は「息」を意味しており、この神の息によって人は生きるものとされたとも語られる（創二・七）。これに対し「水」と「地」は神ではなく、未だ形を与えられていない混沌とした「素材」にすぎない。この素材に神の息が吹き込まれると、それらは生命をもつ被造物となって生まれてくる。

次に「光あれ」と神のことばが発せられている。それ以前は闇に閉ざされていたのであるから、神のことばは闇を駆逐する光として臨んでいる。この光は四日目に造られる太陽と月の光から区別される。バビロン神話では主神マルドゥクは太陽神であり、月や星もこの星辰宗教では神々として崇められていた。これに対し聖書宗教では人格神による天地創造が告げられ、太陽は大きい光る物、月は小さい光る物、つまり被造物であると宣言される。したがって最初に「光あれ」と言われた場合の光は、物理的な光ではなく、神の霊が闇を駆逐する命の光として世界に現われるものを言う。この光を受けることによって被造物は根源的に神への方向性を内に宿すのである。

さらに宇宙創造における人間の位置について考えてみよう。天地創造の物語の中には人間の創造についての記事が見られる。「我々にかたどり、我々に似せて、人を造ろう」、また「神はご自分にかたどって人を創造された。神にかたどって創造された。男と女に創造された」（創一・二六―二七）とある。前のテキストは一人称複数形で、後のテキストは三人称単数形で語られている。前者の「われわれ[9]」というのは「われ」の強意的表現と言えよう。次に「かたどって」という表現は人が神と同じ形に造られたということを意味しない。そのような神人同形説は「神の像を造ってはならない」という十戒に反するがゆえに、考えられない。「かたどって」とか「似せて」とかいうのは、あるものに絶えず向かっていると、その影響を受けて自ずからそれに相応しい存在に変えられることを意味していると言えよう。

神と人とのこのような関係は、人を「男と女に創造された」ということによっても具体的に示されている。なぜなら男と女とは性質を全く異にしているにもかかわらず、交わりを通して協力し合い、一致して生きるように定められているからである。男と女とが異質であるのに互いに他に向かい合っているように、神と人とも対向し合っている。神から人に「命の息（霊）」が吹き込まれると、人は生きるものとなったのであるから、人もまた絶えず神に立ち向かい、神を信じて自己を形成すべき使命をもっている。

3 アブラハムの信仰物語

キリスト教人間学は信仰によって根本的に規定された人間を考察の対象とする。それゆえ、わたしたちは次にイスラエル人がどのような信仰をもって神の前に生きたかを考察すべきであろう。ここではそれを「信仰の父」と言われるアブラハムの実例にもとづいて観察してみたい。アブラハムの旅立ちについて次のように語られる。「主はアブラムに言われた。〈あなたは生まれ故郷、父の家を離れて、わたしが示す地に行きなさい。わたしはあなたを大いなる国民にし、あなたを祝福し、あなたの名を高める、祝福の源となるように……〉。アブラムは、主の言葉に従って旅立った」（創一二・一―四）と。彼は神の呼びかけに応じて住み慣れたカルデア（バビロニア）のウルを出立した（創一一・三一）。彼は小家畜飼育者であり、(10) 小さな部族集団を形成していた。その中には妻と甥のロトとその家族があった。まずハランに向かい、さらにアラムに行き、神によって告げられた。「シケムの聖所、モレの樫の木まで来た」。しかし、そこにはすでに先住民のカナン人が住んでおり、そこに入植するのはきわめて困難であったが、神は「あなたの子孫にこの地を与える」と約束された。だがアブラムはこの約束がそう簡単には実現しないと考えて、自分の考えでベテルの東の山に移っていき、さらに進んでネゲブにまで移って行った。ところがそこで彼は飢饉に見舞われ、難を避けてエジプトに下り、その地で自分の妻サラを妹と偽って大失敗を引き起こしてしまった。神の言葉を終わりまで信じ通すことがいかに困難であるかを彼は身をもって体験した。このような失敗を通して彼の信仰は次第に強固なものとなった。それは神の約束を信じて疑わないほどにまで成長した。

このことを語っているのが、天使来訪の物語である（創一八・一―一五）。天使の来訪によって跡取りの息子イサクの誕生が告知される物語は、聖書では繰り返し語られる「受胎告知」物語の最初のものである。聖書では天使は神の意志を伝達する伝令として登場する。アブラハムに現われた天使は人間と同じ姿をとって現われたので、信仰によってのみそれと識別される。アブラハムはただちに神の使いに気づき、食事を用意して厚遇し、神のことばを拝受した。それは年老いたアブラハムが神の奇跡的な力によって長子イサクを授けられるという告知である。この受胎告知は不妊の胎を神が奇跡をもって懐妊させるという人間の可能性を超えたわざであって、そこには特別な神の意志と関与が示される。アブラハムはこの不可能な約束を信仰によって信じたが、その妻サラはおかしくて笑ったと語られる。

この約束が成就して、一子イサクが授けられた。ところが恐ろしい試練に彼は見舞われた。それはイサクを殺して奉献せよとの神の命令が下ったからである。アブラハムは信仰によってこの命令に従った（創二二・一―一二）。ところがここでも天使が到来し、危機一髪の窮地に救いの手を差し伸べる。アブラハムは誰からも理解されず、矛盾を感じながらも、ただ黙々として神の命令に従った。だがイサク殺しは天使の関与によって阻まれて実現しなかった。こうして実は信仰が試されたのである。彼は試練に遭っても神の約束を信じて疑わなかった。「アブラハムは主を信じた。主はそれを彼の義と認められた」(創一五・六)。これこそ信仰による義認であって、神の前に義人と見なされるのは実に神に対する信仰なのである。

アブラハムはイスラエルにおける信仰の模範であるが、旧約聖書にはこのような信仰の物語が多く残されている。なかでもヨセフの物語、モーセの燃え尽きない柴の物語、ダビデの罪と悔い改めの物語、預言者たちの召命物語、ヨブの物語などが有名である。

4　預言者の信仰

古代イスラエル民族に現われた宗教的指導者には預言者と呼ばれた一群の人たちがいる。その中で信仰を強調した預言者イザヤ(前七八三―六八七年)から、とくにその召命物語(イザ六・一―七)から信仰の内容を学ぶことにしたい。そこには次のように記されている。

ウジヤ王が死んだ年のことである。
わたしは、高く天にある御座に主が座しておられるのを見た。衣の裾は神殿いっぱいに広がっていた。上の方にはセラフィムがいて、それぞれ六つの翼を持ち、二つをもって顔を覆い、二つをもって足を覆い、二つをもって飛び交っていた。彼らは互いに呼び交わし、唱えた。
「聖なる、聖なる、聖なる、万軍の主。

主の栄光は地のすべてを覆う」。

この呼び交わす声によって、神殿の入り口の敷居は揺れ動き、神殿は煙に満たされた。わたしは言った。

「災いだ。わたしは滅ぼされる。

わたしは汚れた唇の者。

汚れた唇の民の中に住む者。

しかも、わたしの目は
王なる万軍の主を仰ぎ見た」。

するとセラフィムのひとりが、わたしのところに飛んで来た。その手には祭壇から火鋏で取った炭火があった。彼はわたしの口に火を触れさせて言った。

「見よ、これがあなたの唇に触れたので
あなたの咎は取り去られ、罪は赦された」。


このイザヤの召命物語は、彼の召命の報告とアハズ王との交渉の物語から成り立っており、その背景にはアッシリアと対決したシリア・エフライム戦争（前七三五年頃）という歴史的事件があった。当時北イスラエルはアッシリアに対抗するために、シリアと同盟を結んでいた。それを知った南ユダの王アハズは動揺し、多くの助言者を召集した。その中に預言者イザヤがいた。イザヤは大国に対する中立政策を献策した。この「イザヤの召命」の物語は、正しくは神の裁きの使信を神の民に伝えるという彼自身が受けた委任の報告である。この物語はまず神殿で彼が神を見た幻からはじまる。直ちに預言者は自分が主なる神ヤハウェの天上の会議に人間として出席することを許された者であると気づく。彼は聖なるものを前にして畏れを感じたので、祭儀的に清められた後に、会議の決定をイスラエルの民に報告する者として選ばれる。だが彼が聞いた使信はきわめて厳しく、「民の感覚を鈍くし、それを理解して癒されたり、救われたりすることがないように」ということだった。

この物語でイザヤは天使セラフィムの「聖なるかな」（口語訳）の三唱をもって神を賛美する。彼が神殿で見た神は高きに住まう崇高な存在であるばかりか、「その栄光が全地に満つ」とあるように強力な支配力を発揮する。それは世俗からの分離や隔絶のみを表わさず、同時に神殿にみなぎる神の栄光の幻のように、地上に光り輝きわたる特別な支配であった。つまり神は歴史を支配し、神の王的支配をきずく「イスラエルの聖者」である。その支配は、罪の贖いを与え、かつ神を信頼する信仰を求める。ここに「聖」が俗と分離しながら、俗を生かす神の力の属性として示される。それに対する人間の態度は絶対的な信仰である。

ところでイスラエル神殿の至聖所には十戒が収められている石の箱が置かれており、「この掟の箱の上の贖いの座の前でわたしはあなたと会う」（出三〇・六）と言われているように、そこは聖体顕現の場、つまり神と人とが出会うところであった。この箱の四隅にはセラフィムの像が、ちょうど法隆寺の本堂にある四天王の像のように立っており、預言者の目にはこれらが主を「聖なるもの」として賛美しているように映った。この異象は聖なるものが俗を超越し、しかも力をもって民を支配していることを端的に示し、アッシリアやバビロンによって引き起こされたイスラエルの民族的な苦難に際し、歴史を支配する「イスラエルの聖者」の神権政治への信仰を呼び起こすものであった。
その他アモス、ホセア、エレミア、エゼキエルなどの預言者の召命における異象について言及できないが、この預言者という存在は、聖なるものの言葉を単に預かって民に伝える伝令としての使命を超えて高められ、聖なるものの顕現を自ら表現する者にまで変化していった。こうして預言者は、民の不信仰を糾弾するだけでなく、民の苦難と苦悩をその身に受けて、エレミアとか第二イザヤ（イザヤ書四〇章以下の著者）が語る、自らも苦しむ「苦難の僕」による救済を説くようになった。

イザヤ書では神を「イスラエルの聖者」と呼び、神の「聖性」が人間的な表象「聖者」をもって象徴的に語られる。この言葉は繰り返し語られ、内容的にも民を「審判する者」から「贖い救済する者」に変わっていく。そこにはアッシリアとバビロンによるイスラエルの滅亡と再建という歴史的大事件が起こったからである。イザヤは正義の預言者アモスと同様に正義の神によって選ばれた民はその選びにふさわしく正義を実現すべきであるとの倫理に立っていた。そのため「イスラエルの聖なる方を侮り、背を向けた」（イザ一・四）と彼は民を責めた。これは第二イザヤにも継承されたが、罪に陥っている民に対する神の贖罪の業が「苦難の僕」の歌を通して強調されるようになった。

こうしてイザヤの神観「イスラエルの聖者」という名称には畏怖すべき正義の神と愛すべき恵みの神との対立する二つの要素が同時に見いだされる[11]。こうして初めて神に対する絶対的な信頼としての信仰が力説されるようになった（イザ七・四、九、二八・一六、三〇・一五を参照せよ）。

5　新約聖書における「からだ」・「肉」・「霊」の意味

次に新約聖書におけるからだ・肉・霊の概念について考察してみよう。新約聖書は人間の全体を「からだ」(sōma) によって表現する。たとえば「自分の体《からだ》を生けるいけにえとして献げなさい」(ロマ一二・一) と言われる。これは心身を含めた全体を指している。「からだ」の代わりに「五体」(melē) も用いられる (たとえばロマ六・一三)。つまり人間はからだをもっているのではなく、彼のからだなのである[12]。魂が生命体としての人間を表わし、からだが社会的な個体としての人間を表わし、肉が被造物としての人間を言い表わしていても、そこには人間が全体としてそのように言い表わされているのであって、心身は部分的に分けて考えられていない。パウロにおいても「肉」(sarx) という言葉は、旧約聖書と同じく移ろいやすく儚い人間を全体として表わしており、それは神的なものや変化しないものに対立する[13]。パウロはガラテヤの信徒への手紙で「すべての肉 (サルクス)」(ガラ二・一六) を語り、この言葉で「すべての人間」を考える[14]。また人間の状況は「肉と血」(sarx kai haima) によって包括的に言われる (ガラ一・一六、エフェ六・一二) が、それが神から引き離されていることに気づくのは、人が自己の状況を神から判断するときである。たとえば「肉と血は神の国を受け継ぐことはできない」(一コリ一五・五〇)。

　したがって肉はそれ自身で罪深いのではなく、肉にしたがって歩む生き方が罪となる。ここから

「肉にしたがって歩むこと」が「霊にしたがって歩むこと」と対置される。身体的なものそれ自身がここでは問題ではなく、罪であるのは肉が魂と霊に反抗するときである。したがって「言が肉となった」(ヨハ一・一四)と言われるように、肉が単独で使われる場合と霊・肉との関係で使われる場合とは意味が異なることになる。(15)

新約聖書における人間存在の「核」となる言葉は「霊」(pneuma, 風・息・精神)である。プネウマという言葉は通常は「神の霊」として使用されているが、時折人間のために用いられ、人間の霊や単に人間を意味する。それゆえ、それは何か人間自身を超えたもの、その本質を超越したものは意味されていない。また「魂」(psyché)という言葉もこの意味で使われる。それは身体を補足するものでも、その対の一方でもなく、ヘブライ語のネヘシュのように全体的な人間を言い表わす。(16)

しかし「霊」という言葉は、神の霊を言い表わすときには全く別の意味となる。この pneuma は sarx(肉)と対立する概念である。この霊は神の活動と力なのであって、人間に働きかける。そうすると人は「肉にしたがって」生きることも、「霊にしたがって」生きることもできる(ロマ八・四以下)。この霊がキリストを信じる者を捉えると、その人は「肉的に」ではなく、「霊的に」生きるようになる(ロマ八・九)。彼は自分の生活の中にこれまでなかったようないわば新しい次元を獲得する。こうして彼の存在は神の秩序から整えられる。(17) したがって「肉的人間」(プシュキコス)は、神との関係をもたない生まれたままの人間を指し、霊(プネウマ)に対立する。つまり人間は神との関係で肉と霊との二つの可能性の間に立つ存在である。この肉と霊という二つの存在の仕方の間には断絶があり、古い人から新しい人への変革が求められる。だが低い肉の段階から高い霊の段階へと上下の段階的な連続性を説いたプラトン主義の人間観とは相違する。

新約聖書でも身体・魂・霊の表現は一般的な意味の自然的な人間を意味しない。この三者が全体として神に向かって方向づけられているとき、自然状態から他の霊的な救済と癒しに達することができる。このように人間的なるもの（つまり地上的なるもの、移ろいゆくもの、罪を纏ったもの）と神的なるものとは分離されているが、それでも神の霊は人間に内住することができる。というのも人間の霊は神の霊を受け取る受容機能をもっているからである。そのさい、神の霊は恩恵の賜物として受容されており、人間の本性からは獲得できない。それはただキリストから来る生命によって獲得される。

さらにキリスト教人間学の三区分（身体・魂・霊）もテサロニケの信徒への手紙一、五章二三節に一度だけ出ているが、ブルトマンはそれを礼拝の式文であると推定し、キュンメルも「霊」を人間と見る使用例も少なく、「霊」を神に近いものとは考えない[18]。しかし「〝霊〟は一切のことを、神の深みさえも究めます」（一コリ二・一〇）と言われ、さらに「神の知恵」（ソフィア・テェオウ）、「知識」（グノーシス）、「信仰」（ピスティス）との関連で語られる。ここから宗教史学派はヘレニズム世界に行われた密議宗教の影響を捉え、神の奥義に参与する力を強調した[19]。

しかし、この「霊」の次元は現実にはいまだ実現しておらず、完全な実現は将来のことであって、人間はその次元の全体的な実現に向かう途上にある。この将来への期待は再び全体的な人間に当てはまる。そこでは霊による再生にはじまる心身からなる人間の復活が問題であって、いわゆる魂の不滅は問題ではない[20]。したがって哲学的な心身の二区分法や三区分法はここにはない。

6　イエスの人間観

イエスは人間をどのように理解していたのであろうか。このことに関するまとまった記録は残されていないが、多くの断片的言句を通して示唆されていると言えよう。

彼の最初の説教は「時は満ち、神の国は近づいた。悔い改めて福音を信じなさい」（マコ一・一五）という内容であった。ここでは次の三つの言葉に注目したい。①「時」（カイロス）によって神の救済史と彼個人の成熟が合致し、歴史と個人の合一した世界史的時間の到来が告げられている。②「神の国」という言葉の中で「神」は超越者を、「国」は支配を意味する。この神の天的な支配に服することこそ人間に固有な存在意義である。しかしそのためには③「悔い改め」という生活の全面的な方向転換が求められる。この転換によって人間中心の生き方から神中心の生き方に向かうことが求められており、そこに人間としての救いが実現している。

次に、イエスの言動で注目すべきことは、彼が神に対し絶えず「父」と呼びかけている点である。そこには他者に対する親しい人格的関係が示唆される。人格という言葉は当時はなく、「父子」がそれを表わしている。この父子関係は当時のローマ世界にあっては父権の絶対性から理解されていた。それに対しこの絶対性を前提しながらも同時にその関係の中にある「親愛」をイエスは示唆する。つまりイエスの福音は、彼が全信頼を寄せている神に対し、「父よ」（アッバ）と呼びかけうる親しい人格的な関係に人々を招き入れることを内容としている。この点についてヨハネによる福音書一七章二一節に記されているイエスの祈りを参照されたい。

ところでヨハネによる福音書はイエスの出現を、「言は肉となった」（ヨハ一・一四）という命題で表現する。言（ロゴス）とは神の力を意味し、これによって世界は創造されたのである。肉とは現世において生きている人間を意味する。したがってロゴスと肉体のグノーシス的かつ形而上学的対立を考慮しなくとも、この命題は神の創造的な力と歴史上生存した被造物の一人とを同一視している。これは理解しがたい逆説であるが、「神ともにいます」（インマヌエル）の預言と告知が実現していることを表明する。

イエスによってもたらされた喜ばしい音信、つまり福音はイエスの愛の教えの中にとくに明らかになっている。ユダヤ教の律法は愛をめざしていた。イエスが、「心を尽くし、精神を尽くし、思いを尽くして、あなたの神である主を愛しなさい。……自分のようにあなたの隣人を愛しなさい」（マタ二二・三七、三九）と語ったとき、彼は旧約聖書から引用している（レビ一九・一八）。この二つの戒めが旧約の全体であると彼は述べているが、ヨハネによる福音書に説かれているイエスの愛の教えにはユダヤ教的な愛を原則的に超えるものが見られる。「あなたがたに新しい戒めを与える。互いに愛し合いなさい。わたしがあなたがたを愛したように、あなたがたも互いに愛し合いなさい」（ヨハ一三・三四）とイエスは語っている。「わたしがあなたがたを愛したように」という語句が新しい事態を示している。というのは神の愛の体現者イエスの交わりの中でのみ、人は隣人を愛する者となっているから。隣人とは誰のことかと問われて、イエスは「善いサマリア人のたとえ」を語り、自ら他者に対し隣人となる愛を指示する（ルカ一〇・三六―三七）。さらに山上の説教はそれを説いているイエスとの交わりを前提しないならば、新しい道徳的律法以外のなにものでもないであろう。このイエスの愛による交わりこそ神の王的支配としての神の国の実現である。「神の国は見える形で来ない。〈ここにある〉〈あそこにある〉と言えるものでもない。実に、神の国はあなたがたの間にあるのだ」（ルカ一七・二〇―二一）とイエスは語る。イエスとともなる交わりの中に神の国はある。それはすでに実現しているのである。

終わりに人間存在の「核」となる言葉「霊」（pneuma）についてイエスはどのように考えていたかを考察してみたい。それを語っているのがヨハネによる福音書にある「サマリアの女」の物語と共観福音書の「悪霊に取りつかれた男」の物語である。

7　イエスとサマリアの女との対話

この物語の中心思想は「礼拝する者は霊と真理をもって礼拝しなければならない」（ヨハ四・二四）である。これはイエスがサマリアを通過して郷里のガリラヤへと旅をしたとき、シカルという村の近くにあった歴史上有名な「ヤコブの井戸」で休息されたさいになされた対話である。シカルという町はエルサレムとナザレの中間地点にあって、南にはゲリジム山がそびえていた。この町から少し離れたところにヤコブの井戸があった。そこに一人のサマリアの女が人目を避けるようにひっそりとやって来た。弟子たちが食糧の調達に出かけたあとに、井戸端に座したイエスは渇きを覚え、水瓶を携えてきた女に当時のしきたりに逆らって「水を飲ませてください」と言って語りかけた。この対話は身体の渇きを癒す「井戸の水」からはじまり、人々を生かす「生ける水」を経て「永遠の命に至る水」へ飛躍的に進展する。事実、ヤコブの井戸の水はしばらく渇きを癒すに過ぎないが、イエスが与える水は、どの人の中でも泉となって、もはや渇きを覚えさせない。それは「命を与えるのは〝霊〟である。肉は何の役にも立たない」（ヨハ六・六三）とあるような「人を生かす霊」、つまり「霊水」である。この泉からは活ける霊水が湧き出て来て、そこに神の救いと永遠の命が「人を生かす真理」として啓示される。

ところでこのサマリア人の女は、町にも泉があるのに、町から遠く離れた、しかも「井戸は深い」（ヨハ四・一一）とあるように、汲みだすことが困難であった井戸になぜ現われたのか。彼女は実は不品行のゆえに評判のよくない女であった。それでもイエスがこの女に水を請うたところを見ると、彼が伝統的な儀式や習俗によって定められた社会的因襲から全く自由になっているばかりか、評判のよくない女をも人間として扱ったがゆえに、彼女は二重の意味で驚嘆してしまった。そこでイエスは「行って、あなたの夫をここに呼んで来なさい」と女に命じる。これによって女と夫との関係という「人と人」との親密な間柄から「神と人」との真実な関係に発展し、「霊と真理」まで問われて、ユダヤ対サマリアといった政治的な対決とは全く異質な「神と人」との霊的な交わりが問われる。

イエスとの対話によって女はイエスを先見者（予言者）と認め、そこで彼女は予言者ならば神を礼拝する場所がゲリジム山か、それともエルサレムの神殿かという、当時の宗教上の大問題を持ちだす。

これに対しイエスは礼拝すべき場所は地理的に特定される山でも町でもなくて、「心の内なる霊の深み」において真理を求めて礼拝すべきことを告げる。すなわち「まことの礼拝をする者たちが、霊と真理をもって父を礼拝する時が来る。今がその時である」（ヨハ四・二三）と。

心の深みとしての霊は特定の場所に限定された祭儀的礼拝を完全に超越する。それはイエスの来臨とともにすでに到来している霊と真理による終末論的な礼拝を意味する。これによってすべての外面的な祭儀が廃棄され、霊と真理による礼拝が実現する。

ヨハネはイエスを神の真理の体現者とみなし、イエスに「わたしは真理である」（ヨハ一四・六）と語らせる。したがって「真理」と言っても客観的な科学的、歴史的、哲学的な真理ではなく、イエスと対話する者に自己認識を呼び起こす人間学的な真理である。真理の体現者であるイエスの前に立つとき、真理の光の照明を受けて自分が気づいていない隠された暗闇の部分が照らしだされる。この「真理」という言葉はギリシア語ではアレテイア（覆いを取り除く）として「真なる姿」「ありのままの姿」「非隠蔽性」を意味する。この真理の光を受けて「赤裸々な自己」の認識と告白が必然的に起こってくる。サマリアの女の物語がこの点を明らかに示した。

ここから霊と真理との関係が明らかになる。イエスは正しい神の礼拝の仕方を教え、「神は霊である。だから、神を礼拝する者は、霊と真理をもって礼拝しなければならない」（ヨハ四・二四）と説く。その意味は、神は霊であるから、人は霊において神を礼拝すべきであるということである。神の霊と相違して人間の霊は、ほとんどの場合、偽り・虚栄・貪欲・物欲・情欲・支配欲・金銭欲といった、いわば七つの悪鬼（魑魅魍魎）によって支配され、醜くも汚染されている。

8　悪霊に取りつかれた男

このような人間の霊の有様は悪霊に取りつかれ墓場を住処にしていた男の物語で語られる。

一行は、湖の向こう岸にあるゲラサ人の地方に着いた。イエスが舟から上がられるとすぐに、汚れた霊に取りつかれた人が墓場からやって来た。この人は墓場を住まいとしており、もはやだれも、鎖を用いてさえつなぎとめておくことはできなかった。これまでにも度々足枷や鎖で縛られたが、鎖を引きちぎり足枷は砕いてしまい、だれも彼を縛っておくことができなかったのである。彼は昼も夜も墓場や山で叫んだり、石で自分を打ちたたいたりしていた。イエスを遠くから見ると、走り寄ってひれ伏し、大声で叫んだ。「いと高き神の子イエス、かまわないでくれ。後生だから、苦しめないでほしい」。イエスが、「汚れた霊、この人から出て行け」と言われたからである。そこで、イエスが、「名は何というのか」とお尋ねになると、「名はレギオン。大勢だから」と言った。そして、自分たちをこの地方から追い出さないようにと、イエスにしきりに願った。

（マコ五・一―一〇）

人間が何かの「霊」（プネウマ）に取りつかれている有様はどこででも見いだされる。[21]　このデーモンの悪魔的支配に対決するのがイエスであり、イエスと共にある者は自己の欲望を根城にして猛威を振るうデーモンの支配を滅ぼし、イエスと共なる生き方である神の国に導かれる。これこそイエスの霊に従う生活であり、聖霊の導きの下なる新生にほかならない。

まず悪霊に取りつかれた人とイエスとの出会いを考えてみたい。そこには奇跡物語が展開するが、[22]ここでは二人の出会いについてだけ注目したい。霊につかれた人はイエスに対して「いと高き神の子のイエス、後生だから、苦しめないでほしい」と言う。悪しき霊の特色は「放っておいてください」と言っているように、他者との関係を断ち切って、自分自身の内に閉鎖的にとじこもり、高慢になって自己を絶対視し、狂気のごとく振舞っているところにある。聖書はその様子を墓場を住居とし、鎖を引きちぎって、昼夜たえまなく叫びまわっていたと語る。イエスは他者のため、隣人のために一身を献げた人である。この点でイエスはサタンと決定的に対立する。イエスと共にある生き方は他者に対し心を開いて交わりを生きぬく姿勢に求められる。イエスとの交わりの中にあることによって今までの生き方に終止符がうたれ、全く他なる生活への転換が起こる。レギオンと言われた人にもこの出来事が生じた。イエスに対する正しい態度はこのレギオンと呼ばれていた人のように「イエスと共にあること」(マコ五・一八)なのである。それは神の国が形をとってイエスと彼の間に実現したことを言う。

人間の心には悪霊が住みつくことができるし、イエスがそれを追放して神の国に導き入れられることもできる。わたしたちはここに霊性の受容機能を見てそれを知ることができる。悪霊との関係で明瞭となるのは、人間の心には「ものの虜となる」という特質、受動的な心の機能があって、これが霊性の特質を形成している点である。心はその霊性において諸々の悪霊の「虜」（奴隷）となることも、神の霊によって新生し、神の子どもとなることもできる。

9　使徒パウロの人間観

イエスが先に説いた「カイロス」（時熟）をパウロは「律法の終り」と規定し、「キリストは律法の目標であります、信じる者すべてに義をもたらすために」（ロマ一〇・四）と言う。つまりキリストにおいて律法の時代が終わり、新しい福音の時代が到来したとみなす。それゆえキリストこそ律法と福音とによって支配される二つの時代が入れ替わる転換点であると彼は理解した。したがって契約に始まり律法を経て福音へと進展する、聖書宗教の発展の最終段階に今や達したと彼はみなし、このことを人間の成長により人間学的に反省して、次のように語る。

相続人は、未成年〔の子ども〕である間は、全財産の所有者であっても僕と何ら変わるところがなく、父親が定めた期日までは後見人や管理人の監督の下にいます。同様にわたしたちも、未成年であったときには、世を支配する諸霊に奴隷として仕えていました。しかし、時が満ちると、神は、その御子を女から、しかも律法の下に生まれた者としてお遣わしになりました。それは、律法の支配下にある者を贖い出して、わたしたちを神の子となさるためでした。

（ガラ四・一―五）

ここには子どもから大人への成長によって新しい人間の生き方が示される。ユダヤ教でも古代ローマ社会と同じく一定の教育期間がもうけられており、成人した相続人でも、子どものときは下僕と等しく管理人の下にあった。「諸霊」（ストイケイア）とはアリストテレスでは世界の構成要素を意味しているが、ここでは律法の「初歩的教え」、つまり初歩的教育段階としての「律法」を意味する。ところが御子キリストの出現は律法の支配から人間を解放し、「神の子」たる身分を授けたと説かれた。この子たる身分は神に「アッバ、父よ」と呼びかけうるような親しい間柄関係に立つことを意味する（ガラ四・六）。

この身分は律法への隷従からの解放を内容としているため、「奴隷の軛に二度とつながれてはなりません」（ガラ五・一）と命じられ、神の子たる身分を授与された者は、この身分にふさわしく生きるように要請される。というのはこの身分の授与によって世界に対する関わりが終息したのではなく、世界への関わり方が、奴隷から相続人のそれへと全面的に転換したからである。変化したのは子どもから成人して相続人たる息子となった人間自身であって、この人間の世界への態度の変化とともに世界もまた新生するに至る。これがパウロによる人間の大変革である。

このような大変革はどうしたら理解できるであろうか。それは人間的な知恵をもってしては理解できない「神秘としての神の知恵」である（一コリ二・七）。そこでパウロはギリシア的な知恵にとっては全く愚かと思われるキリストを正しく把握する方法を教える。それが「霊」の理解であって、これに新しい意味を取り入れる。それは次のようなことばで明瞭に説かれた。

世は自分の知恵で神を知ることができませんでした。……ギリシア人は知恵を探しますが、わたしたちは、十字架につけられたキリストを宣べ伝えています。

……人の内にある霊以外に、いったいだれが、人のことを知るでしょうか。同じように、神の霊以外に神のことを知る者はいません。……自然の人は神の霊に属する事柄を受け入れません。……霊の人は一切を判断しますが、その人自身はだれからも判断されたりしません。

（一コリ一・二一、二三、二・一一、一四、一五）

ここでは「ギリシア人の知恵」と「十字架につけられたキリスト」が世界観的に対立させられており、先の律法と福音と同じような人間自身の対立と転換が説かれる。そのさいパウロは神の霊による以外には神によって起こった神的な出来事は理解できない点を強調した。そして「自然の人は神の霊に属する事柄を受け入れない」がゆえに、「自然の人」は「霊の人」に改造されなければならない、とパウロは言う。そしてこの改造はパウロ自身によって証されたように回心によって起こるが、それは恩恵の光に照らされて初めて生じる。こうして「御子の啓示」によるキリストについての認識の変化（ガラ一・一六）が生じる（ロマ五・五）。この回心による改造によって「神の霊」を「受容する」ことが実現する。

さらにこの認識の変化と神の霊の受容はパウロにとって「キリスト・イエスに結ばれる」（ロマ

六・二三）ことであり、キリストと同じく人間においても現存する霊こそ、イエスを「神の御子」であると証言すると同様に、信じる者らが神の子となったことをも証言する。したがって霊は復活の生命と関係しており、それは「イエスを死者の中から復活させた方の霊」であり、神の霊が「キリストの霊」として人々に宿り、「この霊によって、あなたがたの死ぬはずの体をも生かしてくださる」とも言われる（ロマ八・九―一一）。

この「体をも生かす霊」によってパウロは「神の霊」や「キリストの霊」を考えており、身体に対立する「霊」の観念はなく、肉に対立する霊は人間の魂のことではない。そうではなく「肉」とは神の霊をもたない身体と魂も含めた人間の全体を意味する。パウロが肉という語を選んだのは、生きた体ではなく、死体と同然である人間、神の霊という生命の息吹をもたない人間を指すためであった。彼は魂と身体というギリシア思想に特有な二元論に何ら関心を示さず、ものを具体的に考えるユダヤ的思考にしたがって人間の全体のことを考える。それゆえ永遠の生命と完全な救いは、ギリシア人が考えたように身体からの解放によって実現するのではなく、身体の復活によって成り立つ。したがって人間の身体は、キリストの肢体に加えられて霊の住まう神殿となることができる。このように身体は霊と生命的に一つのものと考えられた。この霊がキリストの霊を受容するとき、それは超越的なものとなり、新しい生命の全体を意味する。この生命を受容するのが信仰の働きである。

註

(1) バビロン神話で始原の神であった「水」の上に、それよりも高所にあって力において勝る神が「霊」をもって支配している様が述べられている。ここでの「霊」(ルーアッハ)は「息」を意味している。これに対し古代神話にあるような「水」と「地」は神ではなく、未だ形を与えられていない混沌とした「素材」にすぎない。この素材に神の息が吹き込まれると、それらは生命をもつ被造物となって生まれてくる。

(2) この語は旧約聖書には七五五回現われ、セプチュアギンタ(七十人訳)では六〇〇回プシュケと訳されている(H・W・ヴォルフ『旧約聖書の人間論』大串元亮訳、日本基督教団出版局、一九八三年、三三頁参照)。

(3) それゆえ人はネヘシュなのである。それは生命力と同じ意味のゆえに、血と同じであると考えられる。そこからイスラエルには血を流してはならないと命じられる(創九・六、レビ一七・一一、一四)。

(4) こうして「飢えた魂」(詩一〇七・九)、「渇いた魂」(箴二五・二五)または食べ物の夢を見た人が目覚めたとき「虚ろ」に感じる魂について語られている(イザ二九・八)。この魂は憎しみ・喜び・愛・神を慕い求める座でもある(詩三五・九、四二・二、サム上二〇・一七)。

(5) バザール(bāśār)は旧約聖書で二七三回用いられている中で一〇四回は動物について使われている(ヴォルフ、前掲訳書、六七頁参照)。

(6) 「しかし、見よ、彼らは喜び祝い、牛を殺し、羊を屠り、肉を食らい、酒を飲んで言った。『食らえ、飲め、明日は死ぬのだから』」(イザ二二・一三)。それは牛や羊の肉を意味している。人間のバザールも食用に供される(レビ二六・二九、イザ四九・二六参照)。

(7) たとえば「わたしの身も心も叫びます」(詩八四・三)、「わたしの魂はあなたを渇き求めます。わたしのからだは乾ききった大地のように衰え、水のない地のように渇き果てています」(詩六三・二、傍点筆者) 参照。

(8) ルーアッハは総例三八九例のうち一一三例が自然力である風を意味している。また神に関して一三六回用いられ、人間と動物また偶像には一二九回にすぎない。したがってこの概念は神学的・人間学的概念として扱わなければならない(ヴォルフ、前掲訳書、七九頁参照)。

(9) キリスト教古代の教父たちは「われわれ」という複数形でもって三位の神が語られると説いた。

(10) M・ヴェーバー『古代ユダヤ教』上巻、内田芳明訳、みすず書房、一九六二年、六頁。

(11) この二つの契機によって神の聖性は示される。それをオットーはきわめて適切にも「戦慄すべき神秘と魅するもの」(mysterium tremendum et fascinans) と定式化した。「聖」の概念は一般的には倫理学の最高の価値であって、カントは「神聖」という観念の下で「完全に善い」という道徳法則に服している意志を考えた。しかし「聖」はデュルケムが『宗教生活の原初形態』で説いているように、元来は宗教的起源をもつ語であり、原始社会のタブー(禁忌)の中に起源をもっている。つまり平均的なものから分離していて精神・身体的に隔離されている「触れてはならないもの」が聖なるものである。したがって「聖」は倫理的なもの一般にかかわらないで、むしろ非合理的なものと深く関連している。

(12) そのとき「からだ」は目の前にある所与の構造ではなく、絶えず行動することへの可能性、生を実現する可能性、それによって神への服従か不服従かへの決断がなされる可能性なのである。

(13) パウロが活躍していたヘレニズム時代には、からだについてだけでなく、肉(sarx)についても語られていた。そこでは肉は人間の身体性と結びついた罪深いものを言い表わしている。この状態からの救済は身体からの解放（asarkos）と結びついている。パウロも肉という言葉を時折罪深いものと関係させて用いている。「霊の導きに従って歩みなさい。そうすれば、決して肉の欲望を満足させるようなことはありません」（ガラ五・一六さらにそれ以下の節をも参照）。しかし、ここには身体と精神とを分けて捉える二元論はない。

（14）ブルトマンは「身体」（sōma）のパウロにおける多様な意味を解明し、自己決断をなす人格の全体を意味するものとする。だから身体とは神とのある関係をとる可能性、つまり義なる関係かそれとも罪なる関係かのいずれかを選びとる可能性を意味する主体と見なす。しかしケーゼマンはこれを批判し、パウロの身体論では「最も広い意味での交わりの能力をそなえた人間の本質、つまりそのつど自分に与えられている世界に関係づけられた状態での人間の本質」が語られているとみなす。つまり単独の個人ではなく、交わりの中にある人間が身体において語られていると言う（E・ケーゼマン『パウロ神学の核心』佐竹明・梅本直人訳、ヨルダン社、一九八〇年、四一頁）。

（15）この点を初めて指摘したのはルターである（金子晴勇『ルターの人間学』創文社、一九七五年、四一、四八頁参照）。

（16）たとえば二コリ一二・一五、ロマ二・九の「すべての生ける人」は字義的には「人間のすべての魂」となる。

（17）自分の本性から生きる人間（psychikós「生まれながらの人間」「霊的でない人」）と、神から生きる人間（pneumatikós は「霊的な人間」）とが区別される（一コリ二・一四、一五）。

（18）R・ブルトマン『新約聖書神学Ⅱ』川端純四郎訳「ブルトマン著作集5」新教出版社、一九八〇年、二九―三〇頁、W・G・キュンメル『新約聖書の人間像』松木真一訳、日本基督教団出版局、一九六九年、五〇頁。

(19)佐野勝也『使徒パウロの神秘主義』第一書房、一九三五年、一六五―六九頁参照。

(20)この点では旧約聖書においてもすでに二元論は成立していない。この世の生活の後にある生命が告げられているとき、全体的な人間がそれに関与している(イザ二六・一九、六六・二二―二三、ダニ一二・二参照)。同様に新約聖書も語っている。しかももっと明瞭に全体的な人間の復活について語っている。

(21)わたしたちは自分の理性によっては制御できない或る力によって導かれている。仕事に熱心な人には勤勉の霊が、政治的野心に燃えている人には権力志向の霊が、お金を蓄えている人にはマモン(財神)の霊が、女性を求める人にはドン・ファンの霊がそれぞれ乗り移っている。

(22)この奇跡物語には「欺かれた悪魔」というグノーシス的思考があって、それにもとづいて原型が作られていると説く注解者がいる。イエスとの会話の中で悪魔は自分の名前がレギオンであるともらしてしまう。名前を知られることは霊に対する支配権の確立となるから、悪魔は結局欺かれて滅亡せざるを得なくなる。イエスの十字架そのものがユダの欺きによるが、この欺きによって逆に悪魔が欺かれて十字架によって滅びるというテーマがこの物語にあるという。

Ⅲ　キリスト教人間学の歴史

古代末期にはキリスト教は迫害に耐えながらも次第にローマ世界に浸透していって、やがてはローマの国教として認められるようになった。この時期は一般にキリスト教古代と言われる。この時代にキリスト教を擁護して活躍した思想家は「キリスト教教父」と呼ばれる。この人たちによって三位一体やキリスト論の教義が確立された。そのさい、彼らは当時の支配的な世界観であったプラトン主義を受容しながらキリスト教の真理を説くようになった。その中で代表的な思想家を選ぶとしたら、四世紀から五世紀にかけて活躍したアウグスティヌスがもっとも優れていると言えよう。そこでまず人間学にとって後代に多大な影響を与えた彼の学説として、とくに「人間学的三段階説」を取り上げてみたい。

1　アウグスティヌスの人間学

アウグスティヌスの哲学的な思索の特質は、それがもっぱら「神と魂」に向けられている点に求められる。[1] このことの意義はギリシア哲学の出発点と比較してみると明らかになる。ギリシア人は人間がコスモス（宇宙）によって庇護されていると感じ、そこに安住できると信じていた。このコスモスへの讃歌はカオス（混沌）を克服する神々の力への感謝の祈りであり、天と地は同じノモス（法）によって治められていると考えられた。したがってプラトンやアリストテレスは哲学の出発点を驚異の念に置いていても、驚異の対象は主としてこのコスモスに向かい、人間に向く場合にもコスモスの一部としての人間に向かっていた。たとえばアリストテレスは、「そのはじめは、ごく身近の不思議な事柄に驚異の念をいだき、それからしだいに少しずつ進んで、大きな事象についても疑念をいだくようになった。たとえば月の受ける諸相だの太陽や星の諸態だのについて、あるいはまた宇宙の生成について[2]」と語っている。ところがアウグスティヌスは驚異の念を世界よりも人間の内面に向けた。そこで彼は初めて矛盾と謎に満ちた人間の現実を直視し、次のように言う。「わたし自身がわたしにとって大きな謎になった[3]」、また「人間そのものが大きな深淵である[4]」と。彼は人間そのものの測りがたい深みを自覚して、そこから自己をそのように創造した神に問うていく。

だが彼は最初プラトン主義の影響を受けたので、初期の人間学は古代的な人間観にもとづいていた。そのため「身体」の評価が消極的であり、身体が可死的であるのみならず、その感覚は誤謬を免れ得ないから、身体から離れ、精神だけになってこそ幸福に達することができると考えた。こうして身体は「牢獄」であると説き、明らかにプラトン主義的な古代的人間観の影響を受けていた。

だがキリスト教によれば身体とその感覚、また愛やその欲望も、それ自体としては悪でも罪でもない。とりわけ身体は神によって造られたものであるかぎり、それ自体善である。ただ意志がそれを使用するとき、秩序を逸脱し、転倒し、神の戒めを犯すことによって誤謬や罪悪に陥る。アウグスティヌスは身体を悪の根源とみなす思想から次第に脱却し、キリスト教の創造説に立って身体の善性を認め、悪の根源を自由に選択する意志に求めるようになり、神に対し高ぶった傲慢こそ諸悪の根源であると説くようになった。また人格の「中核」を「心」(cor)の概念で把握するようになった。

このような「心」をアウグスティヌスは『告白録』の冒頭で「不安な心」として表明するようになった[5]。人格の「中核」が聖書では「霊」によって表わされていたが、彼はそれを「心」でもって表わすようになった。そこでまず『告白録』冒頭の有名な言葉を引用してみよう。

「人間は、あなたの被造物の小さな一断片でありながらも、あなたを讃えようと欲する。……喜びをもってあなたを讃えるように励ますのはあなた自身である。なぜなら、あなたはわたしたちをあなたに向けて造りたまい、あなたのうちに憩うまで、わたしたちの心は不安に駆られるから[6]」。

終わりの一節がとくに有名である。そこには「あなたはわたしたちをあなたに向けて」(ad te)造りたもうた」とあるように、「神への対向性」が認められる。それは「あなたのうちに」(in te)憩うまで不安に駆られる」とあるように、その目標とするところは神の内にある平安である。この平安に至るまでの「心」の状態は「不安」であると言われる。「不安」(inquietus)とは「平安」(quies)を失った状態であって、それを表わす「心」は神に立ち帰る人間存在の全体的動態を言い表わす。というのも「あなたに向けて」(ad te) と「あなたのうちに」(in te) という言葉は、それに先立つ神との断絶状態を前提しており、この状態を『告白録』で多く用いられる「あなたから離れて」(abs te) でもって言い表わせば、三つの前置詞 (ad, in, abs) によって神との関係の喪失と回復とが示されているから。この心の運動こそ「霊」の働きであって、彼によるとわたしたちはそれを「神への対向性」として自己のうちに宿している。(7)

アウグスティヌスはこの「不安な心」がどのようにして救いに至ったかを詳しく論じていくのであるが、救済に至るプロセスから人間学的に見てもっとも重要な説である「人間学的三段階説」について述べてみたい。

一般的に言って人間は時間的な存在であっても、ある時期を区切って古い自己から新しい自己に転換することができる。それゆえ人間は、時間的であるため死に至る存在でありながらも、現在の状況を乗り越えて真の自己に到達しようと願う。(8) そのことを簡潔に示す創造・堕罪・救済の三段階説は、一、無垢の状態＝「罪を犯さないことができる」(posse non peccare)、二、罪の奴隷状態＝「罪を犯さざるを得ない」(non posse non peccare)、三、キリストによる新生＝「罪を犯すことができない」(non posse peccare) から成り立っている。このことを『神の国』の叙述にしたがって述べてみよう。

(1) アダム的人間と始原の状態

人祖アダムのもとで神による人間の創造と罪による堕罪の出来事とが生じたので、アウグスティヌスはこの出来事を反省して、人間学的な考察をはじめる。こうして創造における人間の本来的存在と、罪による人間の堕落によって生じた非本来的存在とが対比的に論じられ、さらにキリストを第二のアダムと見て人間存在の回復が考察される。これこそキリスト教人間学にとって尽きない思索の源泉となった。なかでも罪による本性の破壊は、かえってその偉大さを証明するのである。アウグスティヌスは言う、「その欠陥自体は、自然本性がいかに偉大であり、いかに称賛に値するかの証明である[9]」と。ところで始原における人間の特徴の第一は、神によって造られた被造物というあり方であって、それ自身は神ではないということである。確かに被造物は可変的であって、「不変的な善は、一にして至福な神のほかには存在しない。他方、造られたものは、この神によって造られたかぎりで善であるが、神からではなく無から生じたかぎりで可変的である」(同)。

ところで同じく被造物であるとはいえ、天使は純粋に霊的存在で不滅であるのに、人間は身体をもつ形態的被造物であり、しかも時間とともに造られているがゆえに、天使と動物との中間的存在である。また人間が無から創造されたと言われるとき、そこには無に傾く可変性が含意されているので、罪を犯す可能性が人間には初めから潜んでいる。しかし「神の像」として人間が造られたのは、理性と知性とが人間に授けられているからであって、動物との種差は理性に求められる。また身体は魂の支配に服し、その支配に合致するかぎり、魂の重荷ではなかった。

アダム的人間の特質の中でもっとも多く論じられたのは意志の状態である。神は人間を正しい者、善い意志をもつ者として造った[10]。この意志には選択の自由が与えられていた。「意志の選択が悪徳と罪に仕えないときには、真に自由である」(同)。ここに選択の自由つまり「自由意志」と、自由の状態つまり「真の自由」とが明瞭に区別される。人間は生まれながらにして自由意志をもち、神の意志を守るかぎり、善にして自由であったが、戒めに背きうる可能性もあったことになる。しかも「神はアダムが恩恵なしに存在することを欲しないで、彼の自由意志に恩恵を残しておいた。なぜなら自由意志は悪をなすには十分であっても、善い全能者によって助けられないなら、善をなすには不十分であったから。あの人〔アダム〕がこの援助を自由意志によって捨てなかったならば、彼はつねに善にとどまったであろう。ところが彼はそれを捨てたのであり、〔恩恵によって〕捨てられたのである」[11]。このような自由意志の状態は、「罪を犯さないことができる」という特質をそなえもっている。

(2) 堕罪と原罪の波及

アダムの堕罪とともに人間学の第二段階が始まる。始原の状態であった楽園の平和な生活は、神に背いて堕落した天使が人間に対して抱いた嫉妬から生まれた誘惑によって失われる。蛇がその代弁者となり、女を神の戒めに背かせ、女によって男も罪に堕ちた。アウグスティヌスは堕罪の物語を通して、人間の罪の根源が「高慢」であることを次のように説いている。「高慢の初めは、主から離れること、人の心がその造り主から離れることである。高慢の初めは、罪である。高慢であり続ける者は、忌まわしい悪事を雨のように降らす。それゆえ、主は想像を絶する罰を下し、彼らを滅ぼし尽くされた」(シラ一〇・一二―一三)と言われている。この高慢とは、転倒した仕方で高くなることを求める以外の何であろうか。転倒した仕方で高くなるとは、魂が寄りすがるべき者を捨てて、いわば自分が始原となり、また始原であるということである。それは魂が自分をすっかり気に入るときに起こっている(12)」。

高慢の罪によって人間は被造物としての分限にとどまらず、神の秩序に違反してしまう。そのため罪の結果である神の罰を身に負うことになった。それは罪の報いである。すなわち神から離れることによって、魂は生命の源から断たれ、死の性《さが》を身に負うことになった。「アダムが罪を犯したとき、生命の樹から遠ざけられ、時間に引き渡され、年老いて終わりを迎えるように定められた(13)」。こうして死は罪の罰として生じたのであるが、恩恵が取り去られると、人は身体が裸であるのに気づいて、心を乱し、恥部を覆った。なぜなら身体は恥ずかしいものではなかったのに、肉が不従順な動きを起こしたからである。

こうした罪の結果は人類の全体に波及し、原罪として伝わった（ロマ五・一二）。「最初に罪を犯した人間たちに罰として加わった者が、あとに生まれる者のうちで本性となって働くのである(14)」。したがって死と本性の壊敗（たとえば知性の無知と意志の無力）とが、原罪としてアダムの子孫に重くのしかかっていく。そのさい、原罪を伝播する働きが情欲や邪欲にあると考えられ、情欲のうちに人間の不幸の全体が現象していると説かれた。この原罪の支配下にある人間の根本的あり方は、罪の奴隷状態（「罪を犯さざるを得ない」）として規定される。自由意志は存在していても、原罪によって拘束された状態にある。

（3） 神の恩恵により新生した本性

キリスト教人間学の第三段階は、罪と死によって破壊された自然本性が神の恩恵によって新生し、霊と肉との葛藤によって引き裂かれた内心の分裂が克服され、天上の平和たる「秩序の静けさ」が与えられることによって成立する。(15) 自然本性の回復は、意志が罪の拘束状態から救済者（キリスト）の恩恵によって解放されるときに生じる。「意志の選択は悪徳と罪に仕えないときに真に自由である。神によって意志はそのような存在を与えられる。それが自己の欠陥によって失われた場合、それを与えた神によるのでないなら回復されない。それゆえ真理である〈キリスト〉は言う、〈もし子があなたたちを自由にすれば、あなたたちは本当に自由になる〉（ヨハ八・三六）と。キリストは自由を与える方であると同時に、救い主でもあるからである(16)」。

このようなキリストによって与えられる真の自由は、「罪を犯すことができない」状態として規定される。この新生は神による義認に始まり、聖化の過程を経て、義の完成に向かうが、その完成は現世においては不可能であっても、終末論的な希望のもとにある。

2 トマス・アクィナスの人間学

アウグスティヌスの思想はその後の中世思想に対して決定的な影響を与えることになった。では中世的な人間の特徴は何であろうか。中世人は大自然や共同体にどのように関わりながら自己理解を確立していったのであろうか。一般に中世は信仰の時代であると言われる。そこにはキリスト教の影響によってヨーロッパが創造的に文化を形成し、しかも超越的な創造神に対する信仰によって生活が営まれるようになり、これまで神聖視されていた宇宙は神の被造物である自然として非神聖視され、国家共同体も本性上社会的に造られた人間を結びつけ、神の意志によって導かれる、と一般に考えられるようになった。こうして神との関係で人間を理解し、独自なキリスト教人間学が形成された。この点を明らかにするため中世盛期におけるスコラ学の完成者トマス・アクィナスを取り上げてみよう。

一一世紀のアンセルムスに始まる中世の哲学は「スコラ学」(Scholasticism)と呼ばれる。それは中世の教会付属の聖堂や修道院所属の学院また大学の「学僧たち」(scholastici)の説いた哲学と神学を指す。この哲学はこれまでの主流であったプラトンよりもアリストテレスの哲学を導入することによって新たな展開を生みだし、とくに一三世紀のトマス・アクィナスによって頂点に達し、世界に冠たる壮大な思想体系を樹立するに至った。彼は哲学と神学、理性と信仰、教会と国家との区別を認めた上で、その両者を統一する「統一文化」を体系的に樹立した。その思想の特徴は「恩恵は自然を破壊せず、かえってこれを完成する」という命題に端的に示される。こうして哲学の領域はもっぱら理性に属するものであり、自然の光によって論証されるのに対し、神学は聖書の啓示と超自然的な根源に由来する教義を扱い、信仰によって受容される。このように二つの領域は区別されているが、いずれも真理であるならば、最終的な結論において一致することができる。それゆえ精神が信仰内容を正しく理解するならば、哲学の論証的真理は信仰の真理に、少なくとも部分的には一致できる。したがって信仰によって人間が全体として向けられている終局目的を知り、理性によって一歩一歩解明していくことが可能となる。こうして理性による認識の出発点は感覚的なものであっても、神の啓示の第一のものは神の存在であるから、哲学の長い思索の道程が行き着くところから神学は逆に開始することになる。このように自然の営みである理性は一応の自律性をもち、超自然的な信仰と分離されながら、ともに真理を捉えるかぎりそれと一致する。自然と超自然とはここに階層的秩序によって統合されるに至った。

(1) 心身の一元論、理性魂と身体

アウグスティヌスがプラトンにしたがって人間を魂と身体とに分離して考察する方法を採用したのに対し、トマスはアリストテレスの一元論を採用し、人間の活動のすべてが同じ主体である個人に属しており、人間が個別的実体（個体）であるため、人間の本来的な一性を主張する。こうした人間実体の単一性は自らにおいて自存する有限的存在である。それゆえ、その実体的形相は「理性魂」（知的霊魂）である。「人間という合成体には一つの実体形相（＝理性魂）しか存在しない[17]」。したがって「人間」という言葉は、「魂」だけにも「身体」だけにも適用されないで、むしろ魂と身体の全体である複合的な合成実体に適用される。それゆえ人間には理性魂しかなく、これによって人間の有形性・植物性・動物性・知的機能が形成される。たとえば身体なしには感覚作用もないのであるから、魂だ

けでなく身体も人間に属している。また理性魂の他には実体形相もないのであるから、下位の機能である栄養摂取と感覚機能などは理性魂によって司られる。したがって理性魂が与えられると人間が誕生し、離れると死ぬことになる。それゆえ魂と身体との結合は天上からの墜落といった罪の結果生じた罰ではない。むしろ総じて質料が形相のために存在するように、身体は魂のためにあり、魂が自己の本性にしたがって働くために身体と結合したのである。

それゆえ彼は言う、「人間たるかぎりにおける人間に固有な働きは知性的認識である[18]」と。これが人間の魂に固有な働きなのである。この知性の作用は悟性のように直接に感覚的な対象に関わるのではなく、まず感覚が感覚対象からその姿を捉えてきて、それを表象のうちに統合し、この表象から知性は対象の本質を抽象することによって認識する。ここに抽象説と言われるトマスの認識論が成立する[19]。

(2)「神の像」

彼は人間の際立った特性を「神の像」に求め、次のように言う、「人間が神の像のごとくであるとされるのはその知性的本性のゆえなのであってみれば、それが最高度において神の像のごとくであるのは、その知性的本性が最高度に神を模倣することができるような点についてである[20]」と。したがってトマスにとって人間が精神において神の像であるということは、人間が神を究極目的とする存在であり、神に類似したものとして知性的な本性であることを意味する。

このような人間の知性的な「魂」は、第一にその本質においていかなる質料も含まず、それ自体で自存して活動するという、物体から離れて存在する霊的な被造物である。第二に魂は身体の形相として人間存在の形相的根源である。したがって身体と合一しており、身体の形相である。それでも魂はそれ自身としては知性的な働きであるがゆえに、物体からは離存した霊的な実体である。[21] なぜなら、もし魂が非質料的でないとしたなら、感覚的な素材から概念を抽出することができないからである。

このようにトマスは人間の精神の中核を「知性」に置いた。この作用の頂点をなすのは神の観想であって、そこに「霊」の作用を認めてはいるが、それでも観想は知性によってのみ実現すると考えた。だが、そうは言っても知性も、「あなたの光に、わたしたちは光を見る」（詩三六・一〇）とあるように、自己の外から来る光を受けて初めて観想の活動を行うようになる。

（3）自由意志と罪

それではトマスは意志をどのように理解したのか。意志は理性と並んで人間の重要な機能である。彼はアリストテレスの倫理学にしたがい人間が生まれながら幸福としての善を求め、知性が最善のものを勧めていると説く。そして真の幸福は神のなかにあるので、人間の意志は本性的に神なる最高善を求める。だが悪しき行為が生じるのはこの善を達成するために手段を選択するときである。この選択を行なうものが自由意志である。したがって意志は本性的には誤らないが、自由意志が目的を実現するための手段の選択で「的外れ」（ハマルティア）に陥ることになる。これこそ実はアリストテレスによる罪の規定である。そのさい、意志と自由意志との関係は、知性と悟性との区別と同様に一つの能力でありながら、働きを異にし、意志が知性に依存しており、目的としての善が無制約的に意志に示されるのに対し、自由意志の方は目的を実現する手段の選択に制限される[22]。

もちろんトマスは自由意志の主体的性格を主張する。だが彼は同時に知性が意志に善を命じ、意志がこれを「端的に受容する」ことから、知性の意志に対する優位を主張した。ここから自由意志の主体的特質さえも消滅していく傾向が生じてきて、スコトゥスの批判を招くようになった。

（4）後期スコラ学

トマス以後に興ってきたスコラ学は後期スコラ学といわれる。その代表はスコトゥスとオッカムである。一三世紀の終わりに活躍したスコトゥスはトマスの批判者として有名になった。彼はアンセルムスの伝統的意志優位説および道徳的責任と罪責感情の強化の側面を忠実に受容し、新たに自覚されるに至った個我の意識と自由の直接的体験にもとづいて自己の思想を形成した。

トマスが知性の優位を主張していたのに対し、スコトゥスは自由意志が主体的で根源的事実であることを主張した。意志は自由で自発的であり、何ものによっても強制されない。もちろん彼は知性の意志に対する影響を認めているが、何ものも意志に同意を強いるものではない、それゆえ意志こそ知性を動かす力である点を強調する。つまり「意志にまさって自由に作用しうるものはない[23]」。このように意志は本質的に自由であり、行動を起こす力である。この意志が正しい理性と一致するとき、善はなされる。だから善は知性によって目的として示されても、自律的な意志によって同時に立てられる目標となっている。こうして意志は一方において知性により客体的善に結びつき、他方において善を自ら設定する主体性を明らかにもっている。したがってスコトゥスは「意志」に精神の中核を求めたと言えよう。この主体性はさらにオッカムによって強調された。

一四世紀の哲学者オッカムは伝統的なスコラ学の方法、つまり哲学と神学とを階層的に分けた上で統一する宗教哲学の方法に対してきわめて懐疑的になり、「哲学の論証」と「宗教の信仰」とを区別し、この二者によっていわゆる二重真理説を確立した。彼はスコトゥスにしたがい知性に対する意志の優位を主張する。そのさい、彼は自由の基礎を「偶然性」(contingentia) と「未決定性」(indifferentia) に据える。前者はその反対が可能であり、相反するいずれをも捉えうる自由を指し、後者は未だ何らかの傾向性によって善とも悪とも決定されていない白紙の状態を意味する。彼は道徳の確実性を意志の内的で明晰な経験の土台の上に据えた。自由は自己の外にある何らかの客体に依存することなく自立しており、善でも悪でもない中立的な起動因である。この意志の事実は論証され得なくとも、すべての人が直接経験している。

人間の行為が道徳的に善であり、功績となるのは、この自由意志によって実現されたものだけであって、トマスのように目的に適ったり、スコトゥスのように「正しい理性」に一致しているからではない。そうではなく神の意志こそあらゆる道徳的規範を超える規範そのものであるから、それとの一致にこそ道徳的善は求められる。それゆえ精神の中核は神の意志と人間の意志との「一致」に求められた。スコトゥスの言う「正しい理性」と言えども意志と並ぶ同等の根拠とはなり得ない。このように意志を強調することは主観主義に陥る危険があり、意志の恣意的性格が見られると批判された。だが彼によって神と人間とが何らかの仲介物を通さないで直接人格的に対面するという新しい人間観が説かれたのである。ここに近代の主体的で自由な自己理解と人格的自由の主張が開始することになった。

3 中世の神秘主義（ベルナールとドイツ神秘主義）

スコラ学と並んでキリスト教人間学にとって重要な意義をもっているのは中世の神秘主義である。その代表は一二世紀の前半に活躍した修道院長クレルヴォーのベルナール（Bernard de Clairvaux, 一〇九〇―一一五三年）であって、彼はヨーロッパ中世におけるキリスト教的な霊性の伝統を形成した神学者にして神秘主義者であった。一二世紀のパリの長官にして教会史家であったペトルス・コメストル（一一七九年頃没）は、修道院で生活している人たちとスコラ学者とを対比して次のように語った。「読書よりも祈りに専心する人々がいる。修道院に住む人々である。またすべての時間を読書に過ごし、祈ることはまれな人々がいる。彼らはスコラ学者なのである」[24]と。これによっても分かるように、同じく聖書や古典を読むにしても、それを学問的な討論のためにするのと瞑想的な祈りのためにするのとでは、その違いは実に大きいと言わねばならない。[25]

彼の神秘主義の最大の特質は「花嫁―神秘主義」（Braut-mystik）に求めることができる。旧約聖書の雅歌から彼は「花嫁―神秘主義」という独特な思想を展開させており、キリストと教会との関係を「花婿と花嫁」という親密な間柄として説いた。このような親密な間柄関係は古代社会では隠されていた。なぜなら古代においては部族や民族さらに国家が強大な権力をもって個人を支配しており、「主人と奴隷」の関係で国や社会は維持されていたから。これに対し、パウロはガラテヤの信徒への手紙で「アッバ・父」という新しい関係が神と人の間に生じたことを福音として説いた。[26] そこから「父と子」の関係こそ人間のもっとも親しい関係であって、それがキリストによって実現されることが力説された。ところがローマ社会における父権の絶対性を考慮すると、親密な父子関係など一般には考えられなかった。そこで中世になるとベルナールは人間関係の最深の親密さを「花婿―花嫁」の関係で説くようになった。

それは神秘的な経験として花婿キリストと花嫁である魂との「結合」(coniunctio)によって成立すると考えられ、『雅歌の説教』全体にわたってこの思想が展開する。この結合において生じる神秘的体験の頂点となるのは、神秘的な「拉致」(raptus)体験である。たとえば『雅歌の説教』の第八五説教ではこの体験が次のように語られる。

ときおり花嫁は自己の外に、かつ、自己から離脱し(exceditur)、その身体的感覚から脱出し、御言葉のみを感得しており、もはや自己自身を感知しなくなる。そのことは霊が御言葉の表現しようもない甘美さに心を奪われて、御言葉を享受するために、いわば自己が運び去られ(furatur)、拉致され(rapitur)、滑り落ちる(elabitur)ときに生じる。[27]

このテキストにある「離脱」や「拉致」は神秘主義に特有な経験を表わす概念であって、そこには現象学的に見ると次の三つのプロセスが見いだされる。すなわち神秘的高揚の第一段階は日常経験から離れることで、「離脱」（excessus）と呼ばれる。これは外界に向かっていた意識を内面に転向させる運動である。それに続く第二段階は自己をも超越する運動で、「脱自」（exstasis）と呼ばれる。さらに第三段階は自己が上からの力によって引き上げられる運動で、通常「拉致」（raptus）と呼ばれる状態である。これはパウロが第三の天へ引き上げられた経験に等しいと言えよう（二コリ一二・二）。そのとき、日常と平均的自己の状態をはるかに超えた状態に引き上げられて、人は聖なる存在に触れる。これが神秘的経験のクライマックスである[28]。

彼の神秘思想は後代に大きな影響を残し、一三世紀の女性神秘主義のみならず、一四世紀のドイツ神秘主義者エックハルト、タウラー、ゾイゼ、リュースブルク、さらには一六世紀の「新しい敬虔」運動およびエラスムスやルターに受け継がれていく。

このような神秘主義の中でわたしたちはキリスト教人間学の「中核」となる概念として「魂の根底」（Seelengrund）や「根底」（Grund）もしくは「心情」（Gemüt）に注目すべきである。それは一四世紀の偉大な神秘主義者エックハルトやその弟子タウラーによって説かれたもので、後にルターによって聖書的な概念である「霊」に変換されることになる。もちろんこの思想は明示的な教説として説かれず、むしろ異端視されがちな傾向のゆえに退けられ、一般的には知られていないままに隠された地下水脈として神秘的な思想家たちの間を貫流していった。

この「根底」というのは魂の上級能力である「魂の閃光」（fuenklein）とか「神の像」（imago dei）また「諸力の根」（Wurzel）と等しく、理性よりも深い魂の能力であって、身体と魂とから成る人間存在のもっとも高貴で深淵な部分を指している。[29] この根底は「神の働く場」や「神の住まい」を意味し、ここで神の子の「誕生」や「合一」（unio）および「合致」（Einförmigkeit）が生じると説かれた。したがって「根底」は人間学的な概念であって、「霊・魂・身体」（spiritus, anima, corpus）という人間学的三分法における「霊」と同一な次元に属する。なお「根底」はタウラーにより「受動的能力」（capasitas passiva）として明確に規定され、神を受容する能力と考えられた。

わたしたちはこのような意味をもつ「根底」概念が人間学的な「霊」とどのように関係するかを考察してみよう。まず、この根底は創造以前の状態であるとされ、魂には創造以前の状態に向かう心の運動・傾向・意向・帰趨性が備わっており、次のようにタウラーによって説かれた。「心情（Gemüt）、つまり根底（Grund）は、魂が自分自身の内に入っていくよう永遠にわたって努力し、引き寄せられるように魂のうちに埋め込まれている。そこで人間の霊（Geist）、つまり根底は〔罪を犯した場合でも〕永遠の傾向（ein ewiges Neigen）、根源（Ursprung）に再び向かう帰趨性（Grundneigen）をもっている」。[30] それゆえ霊はこの帰趨性によって同じく霊である神と合一しようとする願望を起こすようになる。このようにタウラーは、神と人とが根本的に相違しながらも、なお合一し得る根拠を、両者が共に「霊」であるという「類同性」（Verwandtschaft）に求める。ここから神との神秘的な合一が次のように語られる。

魂はときに「霊」とも呼ばれる。それは魂が神に対しすべての尺度を超える類同性をもっているかぎり、そのように言われる。なぜなら神は霊であり、魂も霊であり、したがって魂はその根源である根底に向かって永遠に傾倒し、かつ、眺めているから。しかし霊は精神的なものにおける同等性から逸脱してしまったので、根源である同等性（Gleichheit）に向かって再び傾くのである。……こうして心情の霊における更新が生じなければならない。神は霊であるから、造られた霊は神と合一し（vereinen）、起き上がり、一切の自己から解放された根底を携えて創造されない神の霊のなかに身を沈めなければならない。人間が創造以前に永遠にわたって神における神であったように、彼は今やその被造性において全く（神の中に）身を沈めなければならない[31]。

このように「魂の根底」という概念が感性や理性を超える霊性の次元を表現するために用いられ、「神の働く場」や「神の住まい」を意味し、ここで神の子の誕生や合一と合致が生じると説かれた。ここにわたしたちはドイツ神秘主義の人間学における「中核」を捉えることができる。

4　宗教改革時代の人間学（エラスムスとルター）

近代に入るころエラスムスとルターが登場してきて、キリスト教人間学にとって土台となり基本思想を確立したと言えよう。彼らはともに「新しい敬虔」の運動によって育てられて中世のスコラ神学を批判し、エラスムスは聖書とプラトンに立ち返り、ルターは聖書とアウグスティヌスに立ち返って、新しい哲学と神学とを形成した。ここではキリスト教人間学にとってきわめて重要な意義をもつ「キリスト教人間学の三分法」、つまり「霊・魂・身体」を中心にして考察したい。

(1) エラスムスの三分法

エラスムスは自分の思想を「キリストの哲学」(philosophia Christi) で表現し、これまで一般に用いられてきた「教義」(dogma, doctrina) の代わりに「哲学」を使うことにより、新時代にふさわしい新鮮な感覚を呼び起こそうとした。この表現の中に独自な思想傾向が示される。というのも彼は一方において一五世紀の神秘的な思想運動であった「新しい敬虔」に従ってスコラ学的な思弁神学を退けながら、他方、民衆の呪術的・迷信的な信心を嫌っていた。そこで前者に対して単純明快に「キリスト」を、後者に対して、理性にかなった「哲学」を対置して、自分の「キリスト教人文主義」の特質を提示した。しかし彼はキリスト教哲学によって一般に想起されるような哲学と神学の総合を考えていたのでも、哲学によってキリスト教を体系化することを構想していたのでもない。中世のスコラ学はこの種の壮大な試みであったとしても、彼はこのような知的体系化の試みには疑いをいだいていた。その内容は『新約聖書の序文』の「パラクレーシス」のなかで次のように明快に説かれた。

とりわけこの種の知恵はとても優れていますので、現世のすべての知恵を断固として愚かなものに引き戻してしまうでしょう（一コリ一・一八以下参照）。このわずかな書物から、あたかもきわめて明澄な泉から汲むように、それを汲み出すことができます。……この種の哲学は三段論法の中よりもむしろ心情の中にあり、論争よりも生活であり、博識よりもむしろ霊感であり、理性よりもむしろ生の改造です。学者となることは少数の者にとって辛うじて成功しますが、キリスト者であることや敬虔であることは誰にでもできるのです。わたしはあえて付言したい、神学者であることは誰にでも許されています、と。

　更にもっとも自然にふさわしいことは、すべての人の心の中に容易に入って行きます。キリストが「再生《レナスケンティア》」と呼びたもうたキリストの哲学とは、良いものとして造られた自然の回復にあらずして何でありますか。したがってキリストに優ってだれも決定的にかつ効果的にこれを伝えたものはなかったのです。とはいえ異教徒の書物の中にもこの教えに合致する多くのものを見いだすことができます[32]。

　ここにエラスムスが説く「キリストの哲学」がはじめて明確に規定されている。その特質のいくつかをあげてみよう。

(1)「理性よりも生の改造である」　ここでいう理性（ratio）は三段論法、論争、博識をめざすスコラ学的思弁を指し、これに対立するのが「生の改造」（transformatio）であり、これは心情、生活、霊感と並べられていて、聖霊の導きの下に立つ霊的生活であり、その中心は不断の自己改造を志す理想主義である。このような自己改造こそキリスト教による哲学の目ざすもので、人間の心情に迫る高次の宗教的な生活に属する。

(2)「良いものとして造られた自然の回復」 キリストの哲学は創造における自然本性が罪によって壊敗している現実に働きかけ、そこから新生すること、もしくは改造することを内実とする。この「回復」はキリスト自身「再生」(renascentia)と呼ぶものだと説明される。この「レナスケンティア」とは「ルネサンス」と後に呼ばれた名称の一つの源泉である。ルネサンスという概念は本質的には宗教的意味をもっていて、新約聖書の語法「新たに生まれる」(ヨハ三・三以下)、宇宙的再生をいう「新しい世界になる」(マタ一九・二八)、「再生の洗い」(テト三・五)につながっている。またこの哲学の教えに合致する異教徒の書物を指摘している点で人文学者としての特質が示される。しかしキリストの方が「決定的にかつ効果的に伝えた」とあるように、キリスト教的な人文主義が説かれる。

(3)聖書主義の神学 「これらのわずかな書物から、あたかもきわめて明澄な泉から汲むように、知恵を汲みだすことができる」とあるごとく、「わずかな書物」は新約聖書の諸書を指し、そこに知恵の源泉があって、そこから知恵がゆたかにあふれでていると言う[33]。

キリストの哲学は人格の改造と再生とを目標としているが、それをもたらしたキリストとの生ける人格的出会いをエラスムスは力説し、救済のためキリストとの交わりを徹底的に追求する。

彼は初期の代表作『エンキリディオン』の中で新しい人間学を説くようになり、人間学的三分法「霊・魂・身体」(spiritus, anima, caro)を「オリゲネス的な人間の区分」(Origenica hominis sectio)として導入した。初期の代表作『エンキリデイオン』において、エラスムスは人間を定義して次のように語っている。

人間は二つあるいは三つのひじょうに相違した部分から合成された、ある種の驚くべき動物です。つまり一種の神性のごとき魂と、あたかも物いわぬ獣とからできています。……もしあなたに身体が与えられていなかったとしたら、あなたは神のような存在であったでしょうし、もし精神が付与されていなかったとしたら、あなたは獣であったことでしょう。相互にこんなに相違せる二つの本性をかの創造者は至福の調和へと結び合わせたのでした。だが平和の敵である蛇が不幸な不和へとふたたび分裂させたので、猛烈な激痛なしに分かれることもできないし、絶えざる戦闘なしに共同的に生きることもできません。……また、かの機知にとんだ小句が双方に当てはまります。「わたしはあなたと一緒に生きることができないし、さりとてあなたなしに生きることもできない」[34]。

この三分法にエラスムスの人間学の基本的な特質が示されている。ここから生じる彼の人間学の特徴を挙げてみよう。

(1)人間は魂と身体とからなる合成的実体であり、精神において神と一つになる方向と獣にまで転落する方向とに向かうことができる。この身体と精神との統一と分裂から人間を捉える視点は聖書的であって同時にプラトン主義的である、とキリスト教的人文主義に立つ彼は主張する。それゆえ哲学者の説く理性と激情との対立と抗争は、パウロの説く霊と肉との戦いとして解釈される。ここに哲学的理性と宗教的霊性との同一視が起こっている。

(2)人間は動物と神との中間的存在であると言われているが、それは人間が動物とも神ともなりうるところにその特質が認められるからである。神と獣とのどちらかに人は自己の意志によって決断することができる。ここから決断の主体として自由意志が与えられる。[35] こうした自由意志の肯定的な理解は宗教改革者ルターの「奴隷的意志」の主張と真正面から対立し、激しい論争が起こってくる。

(3)エラスムスはキリストの姿を依然として倫理的特性たる徳行によって述べてはいても、「霊的に」(spiritualiter) はもはや「精神的に」というプラトン主義的な精神性ではなく、キリスト教本来の意味で使われる。このような宗教的な意味で次の勧めがなされる。「あなたが肉であるなら、あなたは主を観ないでしょう。あなたが主を観ていないとしたら、あなたの魂は救われないでしょう。だから、あなたが霊となるように配慮しなさい (Cura igitur, ut sis spiritus)[36]」と。

このように彼は人間と世界における平和と調和を志す人文主義を説き、言論の力によって戦争と抗争や分裂を避けようと努める。有名な『痴愚神礼讃』では、真の知恵が「健康な痴愚」に宿っており、自惚れた知恵が「純粋な痴愚」にして死に至る病であることが軽妙に指摘された。彼は時代が侵されている痴愚の狂気を、古典の精神とキリスト教の力によって救い出そうと試みたのであった。

(2) ルターの人間学

同じ時代にあって、宗教改革者ルターはどのようにキリスト教的な人間を理解し、そこから独自な人間学を形成したのであろうか。それは神と人との認識から起こってきた。そこで彼の神学における人間学の意義をまず考察していこう。

神学における人間学の意義　ルターは詩編五一編の講解で神学を次のように定義する。

神と人との認識が神的な知恵にして本来的な意味での神学的知恵である。こうして神と人との認識はただ義とする神と罪人としての人間にのみ関係する。だから本来的な神学の課題は告発され、破滅した罪人を義とする、もしくは救済する神である。この対象の外に人が求める議論と主題はすべて神学における誤謬と空談である[37]。

この神学的な定義は同時代の宗教改革者ツヴィングリにもカルヴァンにも影響している[38]。この定義の重要性をアルトハウスは次のように評価する。「神学のテーマに関してルターは非常に明瞭に反省していた。神学は神と人間との認識を扱う。したがって、神学は狭義において神学であり、同時に人間学（Anthropologie）である。この両者は分かち難く結びついている。神は人間との関係において、ただこのようにしてのみ正しく認識され、人間は神との関係において、ただこのようにしてのみ正しく認識される。だから、客観的神論も、神関係以外のことを問う人間学も、いずれも問題にならない。……神と人間との神学的認識は〈関係的〉（relativ）認識である。すなわち両者が対向しあう関係（Beziehung）、両者の存在論的でも人格的でもある関係（relatio）の中にある認識である[39]」。確かに神と人との人格的な関係こそルターの思想の基盤であって、この関係に立つ「二重の神学的な認識」が神学的な人間認識と神認識との関連という問題であり、自己認識と神認識というテーマが最大の問題となる。自己認識について彼は「人は自己を認識しなければならない、つまり自分が罪ある被告であって、死の判決に服していることを知り、感得し、経験しなければならない」[40]と言う。このように言われるのは認識が単なる知的な営みではなく、人間のあり方の全体が問われるような知であることを示すためである。そのことを彼は罪の認識に求め、しかも「良心」を通して考察すべきであると言う。「罪の認識はそれ自体罪の感得である。そして罪を犯した人は、良心によって圧倒され、どこへ向かうべきかを知らないで、不安に付きまとわれる」[41]。ルターにおいて「良心」は「神の前での自己意識」であって、罪責意識から活動を開始する。それゆえ良心の第一次現象は「やましさ」であって、その反対は「やましくない良心」である。しかも「やましさ」という罪責感情は本質的には負の（マイナスの）自己感情である。それゆえ、この感情は義認論の前提とはなっても、負の意識のためその原因や根拠とはならない。「罪人の救い」には確かに罪人としての自覚が要請されるが、これが原因となって救済が実現するのではない。もしそうなら救済の福音は人間の罪意識に依存することになってしまう。

このような神と人との関係を信仰によって生きる基本姿勢からルターの人間学は生まれた。彼の信仰は青年時代に体験したオッカム主義のスコラ学による求道の失敗から聖書を新しく把握し直すことによって生まれた。それこそ信仰による義の獲得であって、信仰義認論と呼ばれる。それは神に対し行為の功績によって義と認められようとする行為義認ではなく、神から義が授けられ、人が信仰によって受容する受動的な義である。彼の自伝的な文章にはその間の事情が説明されている。それについて自伝的な文章を参照してもらいたい。[42]

人間学的三分法　ルターは一般的に通用している「精神と身体」という二分法とは別に「霊・魂・身体」という三分法を用いるようになった。これは人間の自然本性による区分である。それに対し「霊と肉」は神に対する信仰と不信仰を意味するがゆえに、神学的区分法と見なした。ここでは人間の自然本性による三分法を問題にする。そこでこの三分法について彼が詳しく論じている『マグニフィカト』（一五二一年）を取り上げてみよう。

彼はこの書の中でルカによる福音書二章にある「マリアの讃歌」を講解し、「霊・魂・身体」という三分法を明確に規定するようになった。彼は次のように言う。

「第一の部分である霊（geist）は人間の最高、最深、最貴の部分であり、人間はこれによって理解しがたく、目に見えない永遠の事物を把捉することができる。そして短くいえばそれは家（haus）であり、そこに信仰と神の言葉が内住する。

第二の部分である魂（seele）は自然本性によればまさに同じ霊であるが、他なる働きのうちにある。すなわち魂が身体を生けるものとなし、身体をとおして活動する働きのうちにある。……そしてその技術は理解しがたい事物を把捉することではなく、理性（vornunfft）が認識し推量しうるものを把握することである。したがって、ここでは理性がこの家の光である。そして霊がより高い光である信仰によって照明し、この理性の光を統制しないならば、理性は誤謬なしにあることは決してありえない。なぜなら理性は神的事物を扱うには余りに無力であるから。……

第三の部分は身体（leip）であり、四肢を備えている。身体の働きは、魂が認識し、霊が信じるものにしたがって実行し適用するにある[43]」。

ここに語られているように、「霊」によって「理性」が導かれて初めて理性も正しく用いられるとしたら、霊の意義はきわめて重要となる[44]。そこで霊の概念に注目してみよう。この「霊」についての記述の中で重要なのは、その在り方であって、まず「人間の最高、最深、最貴の部分」であると明記され、次いでそれが「家」であると語られる。さらに「霊」の機能は不可解で不可視な永遠の事物を把握することに求められる。なお、この「永遠の事物」は御言葉によって啓示された神自身であって、霊は信仰によってこれに関わる。そのことは先述の「家」のなかに「信仰と神の言葉が内住する」という表現によって示される。そして霊は理性の光も自然の陽光も照らさない、したがって暗闇の中にある、神の住まいであって、そこに内住する神の言葉の語りかけを聞いて信じるという機能を備えている。

次に指摘されるのは、理性が信仰内容を合理的に解明し、知識を組織的に叙述していくのに対し、霊は理性によっては把握しがたいキリスト・神・神性との信仰による一体化をめざす点である。しかも、この理性と霊性との関係は、理性が霊性によって生かされている限り、理性活動に誤りが生じないと説かれた[45]。

この霊・魂・身体の三重構造は、聖書の幕屋（ユダヤ教の神殿の前身）の比喩によって「至聖所・聖所・前庭」として続けて語られ、「この象徴のなかにキリスト教的人間が描かれている」と言う。

なかでも「霊」について語られ、霊が聖《きよ》くないと人間は人格的破綻をきたすと言われる。したがって最大の戦いと最大の危険は霊の聖さにおいて生じる。なぜなら霊は把握しうる事物にかかわらないため、全く純粋な信仰においてのみ、その聖さが存立しているからである(46)。したがって霊は人間が信仰において神と出会う場であり、そこで信仰は神の語りかけを聞く。この霊こそ人間が自然本性において備えているもっとも最貴な部分であり、人間と神とが出会う場として把握された。

次に「魂」は霊と自然本性上同じであっても、働きを異にし、主として理性の自然的な光という形で活動する。この理性は認識を導く光であっても、それ自身では誤謬に陥りやすいため、より高い霊による導きを必要とする。つまり同一の人間が霊において神を信じ、より高い光に照明されて初めて、自然の光としての理性は正しい認識をなすことできる。理性はいまだ自律したものとは考えられていない。

なお「身体」は内なる霊と魂を具体的に表現する手段であり、「実行と適用」をおこす道具であって、霊と魂の導きに従って行動する。したがって霊が信仰によって神と関わる場であり、この霊によって理性が統制され、身体を通して生活の世界に適切な仕方で人間の思想が実現されることになる。そうすると霊・魂・身体の三重構造は、旧約聖書の幕屋の比喩も示しているように、人格の最内奥で神に出会う霊から発して魂と身体を介して外に向かう放射状に広がる関係構造を形造っており、三つの同心円を扇状に切った形をとっていると言えよう。霊なる最内奥において人は神と出会い、神の導きの下に理性は自己を統御し、外なる身体を介して世界に連なっている。人間とは神と世界とのあいだに立つ存在なのである。

その後エラスムスとルターの間では激しい論争が自由意志をめぐって起こった。このこともキリスト教人間学にとっては重要な問題となった。エラスムスがルターを批判して『評論「自由意志」』を書いたのに対して、ルターはそれを反論して『奴隷意志論』を書いた。ルターによると日常生活や精神的営みに関しては自由意志の働きは認められるにしても、魂の救済に関しては否定される。なぜなら人間は自由意志にもとづく功績によって救われるのではなく、ただ信仰によってのみ義とされるからである。もちろん彼は信仰のうちに神の恩恵を受容する働きを否定するのではなく、自由意志の働きによって救済と完成に達するという主張を批判している(47)。

なおエラスムスとルターの後にカルヴァン（Jean Calvin, 一五〇九―六四年）が宗教改革の第二世代として登場し、後代に対して大きな影響力を与えた。彼は青年時代にエラスムスの人文主義の影響を受け、『セネカ「寛仁論」註解』（一五三二年）を書いたが、新しい宗教改革運動への共鳴を公にするやいなや、母国フランスを去ることを余儀なくされ、数年の放浪の後、ジュネーブにたどり着き、改革の運動を開始した。彼は一五三六年に『キリスト教綱要』初版を出版し、人文主義者から改革者の姿に変身した。この書の冒頭で「神認識と人間認識」を論じ、「聖なる教えのほとんどすべてはこの二つの部分に含まれる。すなわち神を知ることとわたしたちを知ることである(48)」と説き、神認識と人間認識とが最初から相互に関連づけられていても、神認識から分離した人間認識は考えられないと説いた。なぜならアダムが罪に堕ちたとき、「神の像」は壊され、消されてしまったからである。それゆえ人間の理性に関して「人間理性の向こう見ずさ」（humanae rationis audacia）や「人間の思い上がり」（humana audacia）などを力説するようになった。しかし人間の精神には真理を探求するある願いが植え付けられており、ある種の認識力が認められた。そうでないと不自然となると彼は考えた。ここから堕罪にもかかわらず「神の像」が残存すると説かれるようになった[49]。

5 近代の人間学（デカルト、カント、シュライアーマッハー、メーヌ・ド・ビラン）

近代は一六世紀から始まると一般に理解されている。だがこのルネサンスと宗教改革の時代は中世に接続している時代で、中世と近代の溝が深まり、断絶が生まれるのは一七世紀後半になってからである。

（1） 近代の理念と人間像

そこでまず一般的に考えられ得る近代の三つの理念的特色を示しておきたい。

(1)近代の基本的な第一の理念は、近代自然科学の成立による自然の発見であった。この新しい自然の発見は、同時に古代の伝統的な世界像の崩壊を伴った。古代の世界像（コスモス）は理性の形而上学に服した自然から成立していた。だがキリスト教の創造説は、自然のうちに神が創造した法則を見いだすように導き、近代の自然観の基礎を築いた。自然の内に存在する法則をどこまでも追求してゆき、人間をとりまく世界住居たる有限な世界は突破され、等質な連続量として無限の宇宙空間が捉えられた。

(2)第二の理念は中世的教権や他の歴史的で社会的な絆を断ち切って獲得した自主独立した個人の自由であった。この個人の自由は同時に歴史的制約である共同体からの自己の解放を意味した。旧体制は封建的であるとして振り捨てられたが、そこから出現した個人は欲望を追求して止まない利己主義的な人間に他ならなかった。こうした利己的な人間が新しく近代の利益社会を形成した。

(3)第三の理念は行為的人間によって自然に働きかけて形成される近代文化の理念である。近代文化の特質は、科学技術をもって自然に働きかけ、大規模な工業技術によって人為的な世界を造りだすことである。その結果、自然が破壊され、伝統社会も崩壊し、利益を求めて共同社会から切り離された個人は、他者との生ける関係を喪失し、ニヒリズムの世紀を招来した。

このような事態の究極の原因は、近代的な自我が最高価値であった神から離れ、他者との関係をも断ち切って、自らの理性という主観性に立って、自律し、ついには自己を絶対視することによる。これはまた近代精神史の必然的な歩みでもあったと言えよう。

この時代を通してキリスト教信仰は実践的に世俗社会にいっそう深く浸透していった。ところがこの愛による世俗への関わりは、本来的には優れた信仰の発露であったが、社会に働きかける「世俗化」はいつしか俗物根性に染まった「世俗主義」に転落し、世俗化の本来の意味を喪失してしまった。(50)こうした世俗化によるヨーロッパ社会の変化は「キリスト教共同体」(corpus Christianum)の崩壊という現象を引き起こした。それは信仰の分裂に由来する教派的な対立と戦争の時代に発生したと言えよう。この「キリスト教共同体」は中世初期のヨーロッパ文化において生まれ、中世全体を通して維持され、キリスト教による人間像を形成しながら、世界に共通な社会意識の基盤となっていた。

この変化を最初に指摘し、歴史的に実証したのは、アメリカの歴史家セオドア・K・ラブである。彼は第二次世界大戦以来のさまざまな歴史研究の成果を集めた研究を発表し、ヨーロッパの一六、一七世紀における危機について、また一七世紀中葉以後の時代の変革と新しい出発とを探求した。そして一七世紀の後半、宗教戦争の終わりの段階において、とりわけドイツにおける三〇年戦争の時代に、全ヨーロッパ史の進展における「深い溝」が生じたという結論に到達した。また彼はこの溝の後、人間学に関する根本的に新しい態度が、「宗教的な不寛容の後退」つまり信教の自由によって生じたと説いた[51]。

こうした世俗化へ向かう最初の変化は、アウグスブルク宗教和議（一五五五年）における「領邦ごとに宗教が定められる」という原則によるドイツ領邦国家体制での大きな変化であった[52]。確かにこの時代に生じた変化は新しい自然法と新しい人間学の基礎を築いた。バネンベルクは言う、「自然法と結びついた政治的王権の教説は、人間学という基盤を必要としたので、ここでも既に原理的には社会と公共文化とを基礎づけるものは、宗教ではなく一般的人間概念から引き出されるという転換が起こったのであった[53]」と。実際、新しい近代の人間学こそ世俗化の最大の原因なのである。つまり人権や全ての個々人に共通な本性という人間概念が、今日の世俗化した社会においては、少なくとも西洋的なデモクラシー社会においてはかつては宗教によって担われていた位置を占めている[54]。この指摘は近代の人間学の特質を捉える上できわめて的を射た発言である。

このことは一時代前の神学者トレルチの歴史観とも一致している。彼は『ルネサンスと宗教改革』

で論じているように、宗教改革と近代とを直接結びつけることをしなかった。彼によれば、宗教改革それ自体はなお中世に属しており、近代は確かに宗教改革との関連を保持していても、厳密な意味での近代の出発点は、宗教改革がもつ中世的な構造が崩壊した後の時代、いわゆる新プロテスタンティズムの時代にある、と主張した。したがって近代世界は一六世紀の宗教改革によって成立するというよりは、むしろ一七世紀の啓蒙主義と結びついて成立すると考えられる。それゆえトレルチは、宗教改革の近代思想に与えた影響は間接的にとどまっており、偶然的な副作用もしくは不本意な結果にすぎなかったと考えた。

こうして成立した近代の新しい人間学は、神や世界から人間を位置づけるのではなく、人間の世界経験からすべてを合理的に解明していくところに現われている。つまり、人間が宇宙の中心に立って自律的に世界に向かい立つ「主観」としての自覚と、倫理的に行動の「自由」とを確立することが、近代的人間とその思想を決定している。

(2) デカルトの合理主義

デカルトにおいてこのような人間中心的な思想は哲学として結実する。彼は自己のもっとも深遠な思想を定式化する前に、どのような道に従って真理の探求をなしたかを『方法序説』のなかで詳論する。学園にいたとき人文学という「書物による学問」の基礎が不確かであるのを知ると、「世間という大きな書物」から学ぼうとして、学園を卒業すると同時に彼は広い世界に旅立った。だが、こうして世間から学んだことも相対的なものにすぎないと悟り、これまでの学問方法の無力と社会通念や常識の相対性とから解放されて、彼は自己自身の内へと探求の方向を転換した。こうして彼は幾何学的方法による学問の再建を試み、「方法の四教則」を確立し、その第一教則「明晰判明に認識されたものが真理である」を哲学に適応し、絶対的に明証なものを探求していって、「私は考える、それ故に私はある」（Cogito, ergo sum）との哲学の第一原理に到達した。また、このように「思考している自我」（ego cogitans）の確実性こそ「主観」に他ならず、自我の前に広がっている世界は「延長したもの」（res extensa）たる「客観」であるがゆえに、生ける世界は見る主観と見られる客観とに分けられた。

彼の時代は確かに革新の時代であった。「良識はこの世のものでもっとも公平に配分されている」との『方法序説』冒頭の言葉に示されているように、「良識あるいは理性」による人権宣言が高く掲げられていて、理性に従う合理的改革を彼は試みた。だが、いまだ大衆はこの革新を担い得るまでに成長していなかったので、彼は個人の思想において改革を実行しようとしたのである。そのことは同時に彼の思想が教会や国家にとって危険なものでないことを示すことにもなった。したがって彼の個人主義は合理主義の思想上の革新にとどまった。それゆえ「主観的思惟」（Cogito＝わたしは考える）からすべてを開始するデカルトは合理主義的で観念的な思想家である。しかもこの思惟が真理の発見のために「方法的懐疑」として実行されたように、強力な主体的な意志によって支えられていた。このような思想は理性を人間におけるもっとも重要な本質とみなし、その配分の公平さにより人間の平等を捉え、人権宣言の提示にまで至った。このとき、それは近代思想の出発点となった。

パスカルの批判　パスカルはデカルトと同時代人であっただけでなく、ともに科学者であったし、また認識論では明証説を共有し、一時はデカルト主義を奉じていたときもあった。しかし人間観においては両者は全く相違していた。すなわち、パスカルの人間観は「人間はひとくきの葦にすぎない。自然の中でもっとも弱いものである。だが、それは考える葦である」という『パンセ』の断章に端的に示される。デカルトも人間の本質を「思考」においているので、「考える」点に両者は人間の「偉大さ」を捉えていた。しかしデカルトが「人間＝思考」とみなしていたのに対し、パスカルの「考える葦」の主張は同時に人間の現実に注目し、その「弱さ」と「悲惨」を捉えた。そしてこのように人間を理解するためには科学的な「幾何学的精神」では足りず、同時に「繊細な心」がなければならないと説いた。デカルトの合理主義ではこの人間の繊細さ、多様性、自己矛盾は捉えられない、とパスカルは主張し、人間の根源的罪性の自覚からキリスト教の真理を擁護した。ここに近代思想に対するキリスト教の対決の姿が明瞭に示された。

啓蒙思想　一八世紀には啓蒙思想は全盛期を迎える。ドイツにおける啓蒙思想の代表者はカントであり、彼によると啓蒙とは自己の理性を使用すること、つまり理性による自由と自律を言う(55)。これが「理性的自律」つまり理性に導かれる生き方であり、道徳法則に反する欲求、願望、快楽に従うのは他律的生き方となる。それは自主独立せる近代的市民の生き方であり、同時に封建的な旧体制を批判し、新しい社会を形成しようとする革命を引き起こす力をもっていた。信教の自由なアメリカでは宗教と理性は統合されるかたちで革命を起こした。それに対しイギリスでは理神論が栄え、神を創造者として認めるも、教会が授ける啓示を否定し、神が個人に直接干渉しない自然的宗教が説かれた。ドイツにも自然的宗教が侵入してきたが、それに対する批判がレッシングによって起こり、キリスト教的な霊性が堅持された。それに反して、フランスでは啓蒙の批判的理性の名によってフランス大革命を起こし、カトリシズムとの激突によって理性はラディカルになり、反宗教的にさえなった。このように啓蒙思想はヨーロッパの国々によって多様な形態をとるようになった。

（3）カントの人間学

初期のカントにはドイツ敬虔主義に培われたキリスト教的な枠組が残されていたが、完成期の著作にはそれも原則的に消滅し、神学からの哲学の解放という一四世紀のオッカムからはじまった運動は、その最終段階に達し、近代の黎明期に人間の主体性の自覚を端的に示す「自由意志」はいまや理性的な「自律」（Autonomie）として完全な自己実現に達した。カントは「信仰に場所を提供するために、理性を批判しなければならなかった」と言うように[56]、宗教を新たに基礎づける任務をはじめからもっていた。そうは言っても『純粋理性批判』で認識能力を学問的に吟味したものの、道徳的な信仰を超えることはなかった。それでも幾つかの点においてキリスト教人間学の特質を保っている。それは理性と悟性とを分け、悟性に科学知の役割を、理性に伝統的な思弁知の役割を残した。このことは中世のスコラ哲学以来「理性」の代わりに「知性」が立てられ、そこに霊性に等しい役割が与えられていたことに対応している。同じことは彼の宗教論についても言えるのであって、カントは宗教を論じるにあたって『単なる理性の限界内における宗教』という表題を与えたように、道徳的理性の範囲内において合理的に宗教を論じた。だが彼が育てられた敬虔主義の伝統は啓蒙主義の強い影響のもとに次第に希薄化していき、そこに世俗化が進んでいることが認められる。だがそれにもかかわらず、理性がかつての霊性の役割をなおも担っている点をここでは指摘してみたい。

カントはまず認識批判においては広義の理性を分けて狭義の理性と悟性に区別する。悟性は科学知を構成し、狭義の理性は体系的な知を創造する。この狭義の理性の作用には霊性の機能が認められる。というのも一般的な科学知が悟性で表現されているのに対し、理性には科学知を全体として体系化する機能が付与されており、この理性機能を道具的に使用すると、その「構成的使用」のゆえに誤謬を生みだす「仮象の論理」(本当は存在しないのに存在するかのように思わせる働き)となるがゆえに、それは厳しく退けられる。だが知識の体系に全体として方向付けを与える機能は理性の「統制的使用」として認められる。ここに理性の「知性」としての機能が認められていることになる。そこで理性の統制的使用について再考してみたい。このような「統制的使用」はカント以前においてもヨーロッパ思想史において考えられていた。たとえばルターは「霊」が理性を統制する働きをもっていると説いた。(57) このような統制の下に秩序が確立されないなら、人間生活に混乱が生じる。カントの理性にはこのような機能が認められているところに伝統的な霊性の残滓が認められると言えよう。これによってカントは啓蒙主義が支配する時代にあっても宗教性を保持していることが判明する。

さらにカントは『単なる理性の限界内における宗教』や『実用的見地における人間学』で「心情」(Gesinnung) という概念を好んで使用する。この概念はドイツ神秘主義者タウラーによって「霊」(Geist) や「心情」(Gemüt) の運動を表わすものとして使われていた。同様にカントも現実の人間をありのままに捉え直すとき、「心情」概念を用いた。

たとえばカントは宗教論では人間の現実の姿を「根本悪」として考察したため、心情の革命とその漸次的な改善とを求めた（同じことが人間学では「心情の更生」として求められた）。心情の革命については「類いまれな不動の決意によって逆転させる（そしてこれによって新しい人間を着る）」と言われ、その漸次的な改善については「このことは、心情の（選択意志のすべての原則の）英知的根拠を見通す者、すなわち神にとっては、現実に善い（神の意に適った）人間であることにほかならない。そしてその限りではこの変化は革命とみなされることができる(58)」と語られた。

ここでは「心情」はドイツ神秘主義の伝統である「魂の根底」（Seelengrund）に相当することばであって、理性よりもいっそう深く人格の根底に関わっている。そこにはカントが認めているように「心情の革命」が回心や罪の告白と似た現象として起こる(59)。このような心情はカントの人格の中枢に認められる人間学的な概念であって、それは同時に伝統的な霊性として説かれてきたものである。それゆえ啓蒙時代にあってもカントは霊性を認めていたと言えよう。さらに、この点は彼の批判者シュライアーマッハーによって継承される。

(4) シュライアーマッハーの人間学

シュライアーマッハー(Friedrich Daniel Ernst Schleiermacher, 一七六八—一八三四年)は、ヘルンフート派の敬虔主義の教育を受け、青年時代にカントの書物を熱心に学んだ。この間に初期の思想の基本線となる「神と心情」との関係の萌芽が認められる。さらにベルリンで牧師をしている間に啓蒙主義の宗教蔑視の精神に対し宗教を弁護して有名な『宗教論』を書いた。ここでは「宗教の本質は知識でも行為でもなく、直観と感情である」と簡潔に語られる。したがって宗教は知識や哲学でもなく、行為や道徳でもない。とくに啓蒙主義者が蔑視するような幼稚な哲学でも、カントが説いたような道徳の付録でもない。宗教は人間が産出したものを超えており、「人間がそれに根源的に受動的なものとみずから感じるもの」である[60]。

この実在を捉える働きがシュライアーマッハーによって「直観」とか「感得」と言われる。この直観は受動的なものであるから、高次の実在の作用によって生じる。「あらゆる直観は、直観されるもの〔対象〕の直観するもの〔主観〕への影響から、つまり直観されるものの本源的にして独立した行為からでてくる。それゆえ直観するものは、直観されるものの行為を直観されるものの性質にしたがって受け取り、総括しかつ会得する[61]」。

したがって「宗教は宇宙を直観しようとする」ものであり、その本質において「心情」(Gemüt)に関わる。彼は啓蒙主義の時代にあって秘密に満ちた「神性」の活動を自己の心情において受容し、宗教の根源を心情に求めた。

わたしは、宗教がまず心情に話しかけてくるそのもっとも内面的な深みに諸君を導きたい。そしていったい宗教が人間性のいかなる素質から現われるものなのか、いかにしてそれが諸君にとって最高なものであり、もっとも価値高いものであるかを示したい。(62)

宗教的な「心情」はここでは人間存在の「深み」であり、この根底なる心情で起こる出来事は魂と永遠者との婚姻という「神秘的な合一」であり、それは崇高な瞬間である。それは「霊的生活の誕日」であって、「神の直接の働き、神の御霊の感動として現われる彼の宗教の起源についての奇跡」とも言うべきできごとである。(63) このようにして人間の心情には世界全体がその真の相において現われ、それに感能するとき、「超越論的な生命の根源」としての内的感情が湧きだし、この感情に支えられて自己存在、知識、行為、判断が生まれる。

また彼は完成期の大作『信仰論』において宗教を「絶対的依存の感得」(schlechthinnige Abhängigkeitsgefühl) と規定した。彼によると宗教は人間が能動的に産出するものを超えたものにもとづいており、「人間がそれに対し根源的に受動的なものとみずから感じるもの」によって「子どものような受動性で捉えられ、満たされようとする」。(64) したがって「自己を絶対に依存的なものとして感じること」は「自己自身を神と関係するものとして意識すること」である。ここには神の意識と自己意識とが分かたれないものとして、したがって人格的関係存在として捉えられる。それゆえ絶対依存の感情において神は根源的な仕方でわたしたちの感情のなかに与えられていることになる。神の啓示が語られる場合においても、有限的な人間存在に付随する絶対的依存性とともに敬虔な感情が与えられる。これこそ近代における霊性の復権の試み以外の何ものでもない。

（5）メーヌ・ド・ビランの人間学

フランスの哲学者にして政治家であったメーヌ・ド・ビランはフランス革命時代に活躍し、カントの影響を受けながらデカルトを批判して新しい人間学を構想した。

彼は『人間学新論』（一八二三―二四年）で「動物的生活」「人間的生活」「霊的生活」という三層からなる人間学を確立した。動物は自分が感じていることを知らないで感じ、生きていることを知らないで生きている。動物には自我が欠如している。自我の意識をもつのは人間的生活である。自我の意識は活動的で自由な意識である。したがって「わたしは考える。それ故にわたしはある」とデカルトは言ったが、ビランは理性よりも情意にもとづいて「原始的事実」と称した意志と外的表現との結合を力説し、自由の能動的意識に立ってデカルトを批判して次のように主張する。

もしデカルトが、「わたしは思う。ゆえにわたしはある」ということによって全ての学問の第一原理を、それ自身で明証的な第一の真理を立てると信じたとすれば、わたしは、より決然たる仕方で、そしてこの度は内観の異論のない明証をもって、「わたしは活動する。わたしは欲する。

或いはわたしは活動を思惟する。それ故わたしは自らが原因であることを知る。それ故わたしは現実に原因或いは力として在り、或いはわたしは現存する」とよりよく言いうるであろう。(65)

事物のように対象化されたわたしはもはやわたしではない。わたしの身体は多くの事物のように対象となる客体であるが、意志と努力によってわたしのものであるがゆえに主体である。彼はデカルトのように心身を分離しないで、結合して考える。それゆえ人間は心身の統一である主体として捉えられる。さらに「現象と実在、存在と外見は自我の意識のなかで一致する」とあるように、カントの現象と本体との二元論は、自我意識のなかで意志の力によって結びついている。こうした行動と自由に立った人格性こそ人間的生活の核心をなしている。だが霊的生活は神を求め、神と一つになって生きる超人間的生活である。また霊性は神の霊感を受けた受動的生活において成立する。霊は祈り、愛する。この霊的愛はいと高きところからくる無我の愛である。人間は動物的にも、人間的にも、霊的にも生きる、統一的生活を生きる存在である。ここにヨーロッパの伝統的な人間学が近代の只中においても提唱されている。

6　解体の時代における人間学（フォイエルバッハとキルケゴール）

次に、わたしたちは近代的人間学が崩壊していくプロセスから、現代における人間の問題と特徴を捉えてみたい。ここに提示される問題に促されて現代の人間学が誕生する。

（1）「解体の時代」

カントの思想にもとづきながらも、それを批判するドイツ観念論はヘーゲル（Georg Wilhelm Friedrich Hegel, 一七七〇―一八三一年）の思想体系においてその頂点に到達する。彼はフランス革命の自由の精神と新しい歴史学の影響を受け、弁証法の方法によって独自な思想を確立した。とりわけ世界史の弁証法的発展を説く晩年の思想はもはや人間から出発するのではなく、むしろ人間は世界理性の自己実現のための道具とみなされた。ここに「理性の巧知《こうち》」があるとも説かれた。彼は弁証法的に発展する歴史、時間的に予見される直線的な時間のなかに人間の新しい世界住居を建てようとした。しかし理性の巧知という考えは、人間が理性に翻弄されているロボットにすぎないことを語り、人間における疎外の現実を言い逃れている。こうして人間の安住の地であった宇宙（コスモス）はかつてコペルニクスの無限空間により突破されたように、精神が自己実現できると想定された歴史＝時間には安住の地が見いだされないことが判明した。この住居を喪失し、疎外された現実をマルクスは社会的例外者であるプロレタリアートの中に、キルケゴールは例外者である単独者の中に見いだし、ヘーゲルの思想体系を徹底的に解体する。このような「解体の時代」における思想は主として次の三つの方向をとった。すなわち(1)フォイエルバッハによる人間学的解体、(2)マルクスによる弁証法的唯物論への解体、(3)キルケゴールによる実存への解体である。ここでは(1)と(2)だけを取り上げる。

(2) フォイエルバッハの人間学

フォイエルバッハ (Ludwig Andreas Feuerbach, 一八〇四―七二年) の根本主張は「神学の秘密は人間学である」という命題によってもっともよく示される。彼は次のような「願望説」にもとづいて宗教を説明する。すなわち宗教は人間の幸福を欲する本能から生じ、この願望をかなえてくれるものが神である。全知全能を願う人間の願望、もしくは自己の欲する理想の姿が「全知全能の神」にすぎない。このように神学とは実は人間学である。しかも人間が自分が作った神に平伏し、奴隷となって、自己疎外に陥っている現実を彼は指摘し、宗教における自己疎外の仮面を暴いて、すべてを人間の願望に還元していく。こうして彼は人間学を新たに打ち建てた。たとえば『将来の哲学の根本命題』のなかでは、その要点が次のように語られる。「新しい哲学は人間の土台としての自然をも含めた人間を、哲学の唯一の、普遍的な、最高の対象とする。だから人間学を自然を含めて普遍学とする(66)」と。こうして彼は哲学を人間学へと還元していくのであるが、人間を他者との生ける共同性によって捉えるところにその思想的な特徴がある。

フォイエルバッハはもはや世界から、もしくはヘーゲルのように世界理性から、またデカルトやカントのように人間理性から出発するのではなく、具体的人間から哲学を開始した。ここに彼の人間学の意義がある。また彼の人間学の内容的に新しい点は、人間を他者との生ける共同性において捉え、「我と汝」との対話にもとづく人格的関係を土台とすることに求められる。したがって「単独な個人は、人間の本質を、道徳的存在としての自分のうちにも、思考する存在としての自分のうちにももたない。人間の本質は、ただ共同体のうちに、すなわち人間と人間との統一のうちにのみ含まれている。この統一は、しかし、わたしとあなたとの区別の実在性にのみ支えられている[67]」。

フォイエルバッハはこの新しい哲学をさらに発展させたわけではないし、彼が捉えた人間もマルクスやキルケゴールが見た問題を担った主体ではなく、人間そのものに関心を集中させ、主題として問題にすることがなかった。そこには感覚的に素朴な姿の一般人が考えられていたにすぎない。

(3) キルケゴールの人間学

次に実存思想の創始者となったキルケゴール(Søren Aabye Kierkegaard, 一八一三―五五年)はヘーゲルの客観的真理と対決して「主体性が真理である」という「主体的真理」を強調した。青年時代のギーレライエの手記には「わたしにとって真理であるような真理を発見し、わたしがそのために生き、そして死にたいと思うようなイデーを発見することが必要なのだ。いわゆる客観的真理などをさがしだしてみたところで、それがわたしに何の役に立つだろう[68]」と記されている。このような個人は「神の前に立つ個人」であって、大衆化した公衆に対しては「例外者」となる「単独者」なのである。

キルケゴールは人間の本質を思弁的「認識」にも、道徳主義的「行為」にも、ロマン主義的「体験」にも依らないで、主体的な「信仰」にもとづいて捉え直した。『死にいたる病』の本論の冒頭で彼は人間を「関係としての自己」として捉え、次のように言う。

「人間は精神である。しかし、精神とは何であるか。精神とは自己である。しかし、自己とは何であるか。自己とは、ひとつの関係、その関係それ自身に関係する関係である。あるいは、その関係がそれ自身に関係するということ、そのことである。自己とは関係そのものではなくて、関係がそれ自身に関係するということなのである。人間は無限性と有限性との、時間的なものと永遠なものとの、自由と必然との総合、要するにひとつの総合である[69]」。

ここではヘーゲル的な「精神」が「自己」として捉え直され、この「自己」の規定には「無限性と有限性」、「時間的なものと永遠的なもの」、「自由と必然」という関係に立つ自己が静的に措定されており、これを前提として自己がこの関係に「関係する」という態度決定によって自らを実現する。したがって決断という動的な行為によって自己が形成される。このような自己との関係において決定的なことは、自己が自己自身に対して一定の態度決定、つまり決断をする点である。それは対象に対して距離を置いて冷静に観察するという傍観者的な主観ではない。したがって「思惟するもの」としてのデカルト的自我でも、カントの超越論的主観性でもない。自己は「もの」のような実体ではない。そうではなく「関係する」行為者、つまり決断する主体として把握された。これが「対立する両項の間で決断する」新しい「精神」(Geist＝霊)の理解である。

さらにキルケゴールの人間学的前提からすると、人間は「心身の総合として精神」である。彼は心身を総合する精神から人間学の三分法について次のように明言する。「人間はだれでも、精神たるべき素質をもって造られた心身の総合である。これが人間という家の構造なのである。しかるに、とかく人間は地下室に住むことを、すなわち、感性の規定のうちに住むことを、好むのである」と。ここに「精神・心・身体」の三者が明瞭に区分されている。問題は精神である霊のあり方であって、これが心身にどのように関係するかという形で中心問題が立てられた。[70]

この「精神」は「自己」として語られているものであるが、『死にいたる病』全編の叙述によると、それは自己の内なる関係で何らかの齟齬を来たし、絶望と苦悩の状態に陥る。そのさい、「精神」は「身体」と「魂」に対して総合する第三者ではあっても、このような関係に精神を置いた永遠者、つまり神との関係において、絶望を克服することが可能となる。こういう神的可能性が「信仰」にほかならない。ここでの「精神」(Geist) は人間学的には神との関係に立つ「霊」とも訳すことができる。しかもこの精神はヘーゲルを通過することによって「行為」や「決断」という動的な作用と見なされ、自己内関係という水平的次元ばかりか同時に神関係という垂直的次元をも内蔵する、立体的構造の中で質的に飛躍する「信仰」を秘めている。こういう「精神」こそ彼の「霊性」を意味する。

したがってキルケゴールの霊性は心の単なる認識機能としてではなく、神との関係を決断的に生きるか否かという特質を帯びている。これは信仰をも表現するため、人はキリスト教的な「霊と肉」の関係に立たされる。そうすると「心身の総合としての精神（霊）」の三分法は自然本性的な三分法「霊・魂・身体」とは異質の「霊・肉」の実存的関係を含んでいることが知られる。

したがってキルケゴールの「関係としての自己」には「自己内関係」と「神との超越的関係」との二面があり、『死にいたる病』では前者の心理学的な解明から後者の神学的な解明に進んでいる。それゆえ自己が決断の主体的行為によって本来的な自己となるのは、永遠者なる神との関係の中で遂行される。この宗教的実存において絶望が根絶された自己の状態は、「自己自身に関係し、自己自身であろうと欲することにおいて、自己は自己を措定した力のうちに透明に根拠をおいている」と定義され、これはまた「信仰の定義」でもあると説かれた(71)。

キルケゴールの単独者としての実存は近代の個人主義の極致でありながら、同時に自己の深みにおいて永遠者なる神との関係を回復している。彼は近代の個人主義と合理主義の道を歩みながらも、個人と理性の挫折を通して自己の深みにおいて神との関係を信仰によって捉え、自己を超えて真の自己へと飛躍しようと試みた。この「自己」が彼のキリスト教人間学の中核となる言葉である。

一九世紀後半は哲学的にもキルケゴール自身によって「解体の時代」と呼ばれたように、人間学的にも統一が失われ分裂した時代であり、こうした危機的状態は第一次世界大戦によって破局的な相貌を呈してくる。こういう状況にあって「人間とは何か」と真剣に問われ、現代の人間学は哲学として誕生するに至った。

7　現代の人間学（シェーラーとプレスナー）

現代の哲学的人間学はマックス・シェーラーの『宇宙における人間の地位』が出版された一九二八年に誕生した。それは理性的な自律にもとづく近代の主観性を批判的に超克することをめざし、現代の諸科学の成果を受容しながら人間を他者との生ける交流において捉え直した試みである。当時、実存哲学はキルケゴールの圧倒的な影響のもとに観念的な理性の体系によって消失した自己を再び取り戻し、真の自己たる実存を確立する試みとして登場した。だが自己の確立を主眼とする実存哲学は、まず他者から自己を解放し、実存を確立したうえで他者に関わったため、他者は二次的存在とみなされるようになった。この傾向と真正面から対立したのが、ブーバーとマルセルであった。両者ともへブライ・キリスト教的な人間観にもとづいて他者と共同的に生きる人格を力説した。これと同じ観点から新しく人間学を確立したのが現代における人間学の創始者となったシェーラーである。彼はフッサールの影響のもとに著作活動を開始したが、主著『倫理学における形式主義と実質的価値倫理学』や『同情の本質と諸形式』また『人間における永遠なもの』においてはカトリックの信仰に立ってキリスト教思想家として活躍した。それゆえ、ここではキリスト教人間学の類型に入れて考察する。

（1）シェーラーの人間学

シェーラーは近代主観性の哲学者カントを批判し、人格の間に成立する間主観性（inter-subjectivity）の哲学を樹立した。とくに彼は人間の情緒的世界にもろもろの価値が現象している仕方を考察した。情緒は人と人の間に生起交流している間主観的現象である。たとえば人と人との間に起こる「共歓・共苦」という現象には「共に喜び合うとその喜びは二倍となり、苦しみを他者と分かち合うとその苦しみは半減する」という独自な法則が見いだされる。そこには「共同感情」が作用しており、それは人間の「自我」に備わった本性的な「機能」であって、「人格」にふさわしい行為的な「作用」である「愛」の根底をなす作用であることが解明された。とりわけ彼は他者認識として従来説かれてきた類推説や感情移入説を批判し、その間接推理が自己認識を他者に当てはめたり移入したりするにすぎない点を指摘した。そのさい、彼は「自我」と「人格」とを区別し、自我が対象的に認識され、科学的に解明できるのに対して、人格の方は対象的には認識されず、ただ体験的にのみ理解されると主張した。このように対象化できない人格の捉え方について『同情の本質と諸形式』では次のように語られる。

人格としての(精神的)人格は、そもそも客観化できない存在であり、まさしく「作用」と同じように、現存在に関してもっぱら共同―遂行(共同―思惟・共同―意欲・共同―感得・追―思惟・追―感得など)を通してのみ、存在に参与し得る存在である。そして人格とは、ひたすら、時間ならびに空間から自由な、諸作用の構成秩序であって、存在するその具体的全体性は、あらゆる個別的作用を共に規定し、さらにその全体の変化は、あらゆる個別的作用をともに変化させる。すなわち、わたしがつねに述べているように、人格とは「作用実体」である(72)。

ここにシェーラーの人間学の中心的な概念「人格」が二重に定義されている。第一に共同遂行によって人格は理解されると規定され、第二に「作用実体」として定義される。この作用実体というのは「構造秩序」とも言われており、すべての行為を束ねている「心情の基本線」を指している。このように他者に参与する基本様式が「理解」（Verstehen）であり、それは科学的な対象的な知覚とは全く相違する。つまり理解とは「或る他の精神の現実存在に或る存在が精神の本質によって参与することである」[73]と規定される。

次に『宇宙における人間の地位』の中から彼の人間学の中心思想をいくつか取りだして検討してみたい。ここで主題となっている人間の特殊地位は植物と動物との比較による生物学的な考察によって行なわれる。そのさい「心的諸能力の段階系列」が立てられ、最下位の「感受衝動」に植物が位置づけられ、動物には「本能」・「記憶連合」・「知能」が帰せられている。だが、もし動物に実践的知能が認められるとすれば、そのことは人間の本質を規定しようとする哲学的人間学にとって決定的に重要な次の問いが起こってくる。すなわち人間と動物との間には「程度にすぎない区別」しか総じて存在しないのか。人間は進化した動物よりも優るものではないのか。そこには本質的区別がないのか。この問いに対しシェーラーは「賢いチンパンジーと、技術家としてだけ見られたエディソンとの間には、たとえどんなに大きな相違があろうと、程度の相違があるにすぎない」[74]と語って、技術的知能をもってしてはそこに相違はないと答えた。だが人間にはチンパンジーには欠けているものがある。それは人間も動物もともに属している生命の流れそのものに由来しないものであって、生命の流れと衝動に対抗して「否」と言うことができる「精神」なのである。この精神もしくはその中核である人格は、「否」と言い得ない動物とは根本的に相違して、生の衝動に対する「生の禁欲者」なのである。

このような精神としての人間の特質は、動物との比較考察により、世界に対する態度の相違として示されている。動物が環境をもち、本能によってその中に組み込まれているのに対し、人間は環境を越えて世界に対して開かれており、世界に向かって距離を保って、それを「対象」として捉えることができる。これが「世界開放性」としての人間の根本的特質である。動物が本能によって環境に深く組み込まれており、植物とは違って意識をもっていても、自己に対する意識をもっていないのに対して、人間は自己意識のみならず、自己の身体的・心的性質をも対象的に把握することができる。それゆえ人間は世界を超越したところに自己の作用中枢をもち、一切の行動に作用統一を与える。この中枢は有機体と環境との対立を超えており、「人格」(Person)と呼ばれた。

このように精神が生命に対立して立てられることによって宇宙における「人間の特殊地位」は明確に定められたとしても、この対立が「生命と精神」の新しい二元論の陥穽にシェーラーを再び陥らせると批判されるようになった。また、この二元論は形而上学的に世界根拠である神性の内部まで規定するようになった。このような傾向は、ヨーロッパ精神史における彼の位置を明確に規定している。つまり彼は人間科学の成果を積極的に受容したが、それは自我を中心とする心的領域に制限され、精神の領域においては伝統的な形而上学にとどまったのである。こうした二元論にもとづく中途半端な人間学はその後の人間学の展開によって厳しく批判されるようになった。

(2) プレスナーの人間学

プレスナーの主著『有機体の諸段階と人間——哲学的人間学入門』はシェーラーの『宇宙における人間の地位』と同年に発表されたが、大部な著作であったため、当時はあまり注目されなかった。彼は形而上学に傾斜しすぎたシェーラーとは違って厳密な生物学的考察から出発し、冷静な科学的探求によって人間学を確立した。とりわけシェーラーの精神と衝動との二元論に対して彼は批判的であり、有機体に特有な位置づけである「布置性」(Positionalität) から一元的に解明しようとした。

「布置性」というのは世界における有機体の位置付けであり、これによって有機体とその領域との構造連関が理解される。たとえば植物は周囲世界のなかに組み入れられており、世界に向かって開放的な有機的な組織を造っている。そのさい「開放的」という意味は「有機体がその生命を発現するあらゆる場合に、自己を直接その周囲世界に組み入れ、自己をそれに適応する生命圏に従属する一断面にする形式は開放的である[75]」と説かれた。それに対し自己を間接的に周囲世界に組み入れ、かつ、生命圏から独立している動物は、開放的ではなく、閉鎖的である。だから動物が中心をもち、「動物はその中心から出たり入ったりして生きているが、中心として生きるのではない[76]」。それは自分自身に回帰する体系を作っても、自己を体験してはいない。つまり自己の身体に対する距離がないため、自己を反省できない。それに対し自己を反省できる人間の場合には、中心として生きるばかりでなく、この中心を自己の身体の外にもっている。もしそうでないなら、反省できないであろう。したがって自己の身体を超えたところに中心をもって初めて、反省とか対象化とか言われているものは成立する。

プレスナーはこの事態を「脱中心性」(Exzentrizität) と呼んで、それを透視画法の「消失点」(Fluchtpunkt) として次のように説明した。「この生体(人間)は自己自身を所有し、自己を知り、自己自身に気付き、その点で我として存在し、〈自己の背後に〉に存在する自己の内面性の消失点であり、この点は自己の中心から遠ざかって、生命の一切のあり得る遂行に対しこの内面の領域の情景を眺める観察者となっているため、もはや客観化されえず、もはや対象の位置に移り得ない主体の極である」[77]。絵画は遠近法によって描かれている。遠近法の線は四つの隅から中央に向かって延びており、一点に収斂している。そしてこの点は無限に延びて消失している。この目には見えないが、あり得る一点こそ、そこからわたしたちが世界を対象として見ている「観察者」としての「中心」なのである。この中心は世界の外、身体の外、つまり人間の意識の内にあってもなお対象性から無限に隔たったものとして経験される。前にシェーラーが世界開放性によって捉えたことをプレスナーはこのように「脱中心性」として説いた。

脱中心性に立つ人間は、それによって外界と内界、つまり対象と意識に分裂し、さらに自己と自己の体験との間を裂き、両方の側に立ちながら、それらの束縛を受けずにその外に立って、一所不在である。人間は中心に立たざるを得ないにしても、絶えずその中心から脱しないではいられない。だから、わたしは今いる所にいないで、今いない所にいなければならない。わたしは無の中に立ち、同時に自己の外に立ってそれを認識する。しかし自己のこの拠り所のないことの認識は世界に寄りすがることを禁じ、世界根拠や神へわたしたちを導く。それゆえ「脱中心的位置づけの形式と世界を根拠づける絶対的で必然的な神とは本質的な相関関係に立っている」[78]。彼はシェーラーの「世界根拠」としての形而上学的神を、脱中心性から人間学的にこのように説明した。

シェーラーとプレスナーは哲学的人間学の現代における代表者であって、シェーラーの「人格」とプレスナーの「脱中心性」は現代のキリスト教的人間学に大きな影響を与えた。

8　現代のキリスト教人間学（バルト、ブルンナー、ニーバー兄弟、ティリッヒ、パネンベルク）

第一次世界大戦後の荒廃したドイツの思想界にキルケゴールの実存思想は多大の影響を与え、哲学、神学、文学の領域に新しい思想を形成すべく大きな衝撃を与えた。これによって哲学ではヤスパースやハイデガーなどの実存哲学が誕生し、神学ではバルトを中心に弁証法神学の運動が興り、二〇世紀のキリスト教思想を形成した。この思想運動の中でキリスト教人間学にとって重要な展開を次に指摘してみたい。

シェーラーやプレスナーの時代にはキリスト教人間学に対しハルナックやトレルチ、リッチュルやヘルマンなどの自由主義神学も貢献するところが大きかったが、カール・バルトにはじまる弁証法神学によって人間学的な発想は人間主義的であると見なされて、否定されるようになった。しかし、その否定は弁証法神学の内部から覆されるようになった。なぜならキリスト教神学と人間学との分離しがたい関係は疑いの余地なく一般に認められたからである。こうして起こった人間学に関する論争についてて短く紹介しておきたい。

(1) カール・バルトの弁証法神学と人間学

バルト(Karl Barth, 一八八六―一九六八年)は一九世紀後半から支配的であった自由主義神学の人間中心主義的な傾向に対し、キルケゴールの「神と人間の無限の質的差異」という観点を導入し、神の啓示であるキリストを中心とする神学、つまり「神の言《ことば》の神学」を確立した。(79) 初期の代表作『ローマ書』第二版(一九二二年)の序文で彼は次のように言う。

もしわたしが一つの「体系」をもっているとするなら、それはキルケゴールが時と永遠の「無限の質的差異」と呼んだことを、その否定的意味と肯定的意味とにおいて、できるかぎりしっかりと見つめることである。「神は天にあり、汝は地上にいる」。この神のこの人間に対する関係、この人間のこの神に対する関係が、わたしにとっては聖書の主題であると同時に哲学の全体でもある。(80)

神と人間との質的断絶を基調とする実存弁証法的な思考は、神中心の神学形成にとって決定的意味をもっていたが、やがてバルトは神学の基礎を実存におく立場と対立するようになった。彼の神学思想の特質は神学をあらゆる人間学的前提から解放し、もっぱら神の言葉の上に基礎づけようとする点にある。それゆえ彼は科学・文化・芸術に対する実証的態度、神秘主義との共感、感情を強調する宗教哲学の誤謬から神学を解放し、宗教改革者の説く聖書の預言者的な教えに立ち返るべきであると力説した。彼は神の絶対的主権と超越とを強調し、人間理性をも含む自然の能力によって神を把握しうると仮定する、内在主義の神観を批判し、とくにシュライアーマッハーの神学を鋭く論駁した。また彼は堕罪以後人間性が悪化していることを強調し、人間の無限の可能性を信じる自由主義的な人間観を拒否した。そして、自然神学は成立しえず、神の啓示はただイエス・キリストによってのみ与えられ、神の言葉は神と人間との間にある深淵的に隔絶された距離を橋渡しする唯一の手段であり、これによってのみ神との交わりが可能であると説いた。彼はまた地上において神の国を実現することを夢想する楽観主義的な歴史観とも対決し、終末はキリストにおいて現在的であるという終末論を主張し、何らかの形でキリスト教と近代文化とを調和させようとする文化的プロテスタンティズムを批判し、文化との断絶を説き、人間の罪ある現実に立って神の言葉の受肉における終末論的出来事を捉えた。

しかし、このような文化と断絶した立場から「有限は無限を捉えることができない」との原理にもとづいて神と人間との非連続性がバルトによって説かれると、それはプラトン主義の二元論であるとの非難が彼の思想に向けられるようになった。実際、このように考えると歴史や人倫や文化などの固有の意義が失われ、十字架が人間の可能性のすべてを審判し、新しい世界の啓示である復活は全き奇跡となり、まさしく「上からの垂直線」(Senkrechte von oben) が力説された。

(2) ブルンナーの「神と人間との結合点」

ブルンナー（Emil Brunner, 一八八九―一九六六年）は最初バルト神学を支持する神学者であり[81]、いち早くシュライアーマッハーを批判し、宗教における内在主義とキリスト教神秘主義に反対した[82]。しかし彼は『自然と恩恵』（一九三四年）を書き、バルトを批判するに及んで、両者の対立が顕在化し、彼らは分かれ、弁証法神学の統一が失われた。ブルンナーは神の啓示を受ける人間には「応答責任性」という自然的素質が授けられており、これが「神と人間との結合点」となっていると説いた。これに対しバルトは『否』という論文で答え、神のみに主体性を認めるべきであると反論した。さらに『出会いとしての真理』でブルンナーは神と人との応答による出会いにもとづいて人格主義の思想を確立し、客観主義でも主観主義でもない聖書の真理の性格が応答的責任性にあると主張した。

ブルンナーの中心思想は人格性と人間性の中に求めることができる。キリスト教的人格概念は神が人間に対して「汝」と呼びかけ、人がこれに応答することによって成立する。そのさい彼はカントの説く「人間の尊厳」ではなく、「神によって呼びかけられる人格」を力説し、その応答性を強調した[83]。こうしてブルンナーはキリスト教文化を再考し、近代文明をその破綻から救おうとするにあたって、人間学を神学の観点から確立しようと試み、「神との応答的存在」こそ「人間性」の本質規定であると主張した[84]。そこから「神の像」は神との人格的な応答関係に求められ、堕罪によっても廃棄されていないと見なした。彼の見解を要約すると「人間の本質全体を決定する神の像としてのあり方は、罪のために廃棄されなかったが、歪曲されている。それゆえ人間は神に応答する責任を負う存在であることをやめてはいない」と言うことになる。そうは言っても「神の像の残存」という宗教改革者たちの思想は、人間の自然本性の中には破壊されていない部分があると思わせるがゆえに、行き過ぎであり、罪のゆえに神との関係を考慮しないがゆえに、控えすぎであると説かれた。

(3) バルトとブルンナーの論争

既述のようにバルトは神学をあらゆる人間学的前提から解放し、もっぱら神の言葉の上に基礎づけようとする。これと対決してブルンナーは『自然と恩恵』を書き、バルトが拒否した自然神学を「創造における保存の恩恵」によって確立しようと試み、バルトの行き過ぎと狭さを修正しようとした。ブルンナーによると人間は徹底した塵芥《ちりあくた》に過ぎないとしても、それでもなお神によって造られた者として主体性と道徳的自覚をもち、神の言葉に聞くべき責任をもつ応答的存在である。したがって創造時にもっていた「神の像」は「実質的に」失われたとしても、恩恵によって「形式的に」は保存されている。つまり人間には神の認識が不可能ではあっても、それでも何らかの仕方で、神の律法を知り、意志が働いているからこそ、罪を犯すことも現に生じうる。それゆえ、こうした状況にあっても人間性は神の恩恵に応えることができる「結合点」(Anknüfungspunkt) でありうる。(85)

これに対しバルトはブルンナーの用いる概念、とくに「神の像」が曖昧であることを指摘することから反論を開始した。その像が形式的に失われたという視点を問題にし、バルトはブルンナーが「形式的人間性は失われた本源への復帰を指示する」と言うが、「本源への復帰」とは、創造当初の神の像の「回復」(Wiederherstellung, reparatio) を意味し、「神の像に似た存在」になることにほかならない。彼はこれを「福音の再起的性格」(der rückbezügliche Charakter) と呼んでいるが、回復や復帰はそれを起こす主体を前提とする。ではこの主体とは何であるか。それはブルンナーによれば実質が失われ形式だけ残った「残像」(Imago-Rest)であるが、この形式的人間性である残像は、単に本源を指示するだけである。それは決して「失われた像」の実質的な回復ではない。「失われた」とは完全な意味で失われたことを意味するなら、回復され得ないものが回復されると言うにほかならない。この回復はまさに奇跡によって起こる事態である。[86]

次に問題となった「結合点」についてバルトも「人間における神の像は、神の言葉に対する現実的結合点を構成する」ことを認めるが、それは「キリストによって現実的死から生に呼びさまされた、したがって〈回復〉された、つまり〈新しく創造された正しさ〉(die neugeschaffene rectitudo) である。それが今や現実的に神の言葉に対する人間の可能性である」[87]と言う。そしてこの現実的可能性は信仰において与えられるがゆえに、「この結合点は信仰においてのみ現実的である」と反論する。[88]

この論争に対して一般的に言えることは、バルトが神の側から神学的に思考しているのに対し、ブルンナーは人間の側から神のわざを主体的に理解しようとしたということである。確かに神からの霊的な働きがなければ、人間には何ごとも起こらないが、人間の側の信仰による受容がなければ救いは実現しない。

(4) 後期バルトの神学的人間学

バルトは神学を人間学的前提から解放しようと試みたが、「人間性の限界において神学問題は生じる」と述べているように、神の言葉に立つ神学は同時に人間を語ることを当然のことながら含んでいる。だから人間学的前提に立つ神学を否定しても神学的前提に立つ人間学は排斥されてはいない。この点が晩年になってから説かれるようになった。そこで説かれたことは、イエスは共同的人間（Mitmensch）のための人間であり、その共同人間性は神の意志であって、この人間性の恩恵にあずかるようにわたしたちは定められている、という主張である。[89] このように人間とは何かという問いは、神学的人間学では人間イエスの共同的な人間性という原テキスト（primäre Text）から答えられる。人間イエスの光に照らされてはじめて、人間が他者を愛し得ない罪の深さ、共同体に背を向けた自己中心的生き方、ニーチェのような孤立した人間の問題性が自覚されるようになり、イエスの共同的存在を尺度として人間自身の共同性、他者との共存在が明らかになる。彼は言う、「人間性の基本形式は、つまりイエスの人間性の光に照らされた人間存在の創造にふさわしい規定性は、人間と他の人間との共同存在である」と。[90] この共同存在が他者を「汝」として捉えてそれに出会うことによって起こり、この出会いの基本形式は「汝がありつつ、わたしがある」（Ich bin, indem Du bist）という命題で示される。彼は出会いを次の四つの形態で考察した。①眼で見合う出会い、②語り聞く出会い、③相互に助け合う出会い、④人間性の奥義としての出会い。この中で最後の出会いが神学的人間学にとってもっとも重要な意味をもっている。この奥義のうち「大いなる奥義」というのは神が人間と交わり、人間イエスの人格を通して人間の味方であるということであり、もっと「小さい奥義」は大いなる奥義から創りだされており、人間が出会いにおけるあり方を「喜んで」実現することに見られる。[91]

バルトは初め人間学に対して否定的な思想を表明してきたが、神がキリストにおいて人間を愛するという永遠の決意を実現したものとして人間の創造を理解することから人間性を肯定し、孤立した生き方を罪とみなして、共同存在を力説するようになった。プロテスタント神学に共通の傾向は、人間のこの共同性をイエス・キリストの存在に厳密に関連づけている点に求めることができるが、バルトがこれをもっとも強力に説いた。

(5) ニーバー兄弟のキリスト教人間学

キリスト教人間学はアメリカで活躍したラインホルド・ニーバーとリチャード・ニーバーの兄弟によって新たに展開するようになった。両者ともアウグスティヌスとシェーラーの思想に大きな影響を受けており、現代のキリスト教人間学の形成に寄与した[92]。

ラインホルド・ニーバー(Reinhold Niebuhr, 一八九二―一九七一年)

彼は『人間の本性と宿命』全二巻(一九四一―四三年)を著わし、キリスト教人間学の全体を組織的に解明した。その特質だけを挙げてみよう。

(1) **「自己超越の能力」** 彼が第一に指摘するのは人間の自己超越の能力である。彼は言う、「キリスト教人間観は〈神の像〉という教説において、人間の精神的能力における高度の自己超越性を強調する[93]」と。ここに指摘される「自己超越性」こそ彼の人間学の基礎となっている概念であるばかりか、シェーラーの「精神」(Geist)と共通する理解が示される[94]。だがそれはシェーラーの「世界開放性」

をも超えて、自己が世界を超えている意味を捉える「自由な主体」である点に求められる。[95]またニーバーはこの理性を超出する精神の能力を神秘主義の霊性の中に認めており、しかもこの観点を主としてアウグスティヌスの思想から学び取った。[96]

(2)有限性は悪の根拠ではない　人間の有限性それ自身は人間の悪の根源とみなすべきではない。彼は人間の有限性を神の摂理として捉える。この点でそれは古典ギリシア思想やルネサンスや近代合理主義と相違する。もしもこの点が看過されると、良い精神と悪い身体のように、有限が無限と対立する二元論に陥ってしまう。精神をその無限性のゆえに善とし、身体をその有限性ゆえに悪とする二元論的な人間観は、罪の源を身体的で本能的なものへ還元しようとする。そうすると人間を自己に対して責任を負う主体として捉えることができないばかりか、魂の深淵に潜む根源的な問題を掘り起こし、問い直すこともできなくなる。ここから悪の根源が人間の弱さという有限性にあるのではなく、「自己超越性な能力」としての主体的な意志の傲慢に求められた。なぜなら神の像にしたがって造られた人間は、堕罪以前においては、最大の創造性と最大の破壊性とを同時に合わせもつ自由な存在であったからである。

(3)「自己超越性」と理性　ニーバーの人間学の特質は人間の精神が自己超越性として理性と本質的に異なることを力説する点に見られる。つまり精神と理性の相違である。彼は理性を積極的に評価する。なぜなら日常生活において理性的判断は不可欠であり、文化や科学の発展も理性なしには考えられないから。しかし理性は精神と同義ではない。というのも精神の超越範囲は理性の超越範囲を無限に超えているからである。この理性をも超える自己超越の能力なしには生の意味は理性によって把握できない。したがって人生には生きる価値があるかないかと問うことは、自己の生の外に立つことに等しい。とはいえ人間はその超越性にもかかわらず、自力によっては自己存在の意味を実現できないという定めのなかに置かれている。カナンの地を目ざしてエジプトから脱出したモーセがその地に入れなかったように、人間は自己の生と歴史の究極的意味を模索することができても、自力ではその目的を達成することはできない。

それゆえ人間は自然の生きものであるが、同時にそれを超出し、有限と無限とを総合する力をもっている。そこに人間が自然を超越することのできない動物と異なり、自己と外的世界とを区別し、人格として他者を把握することができる。同様に心身と精神の総合の中に、人格や個性（personality）の独自性が生まれる中核がある。このことはシェーラー以来問題視されてきた精神と生命の二元論がキリスト教的な「精神」の作用である霊性によって、つまり「人間の精神とその身体的生との間の有機的統合」によって解消されたことを意味する。(97)

リチャード・ニーバー（Helmut Richard Niebuhr, 一八九四—一九六二年）

リチャード・ニーバーはラインホルドの弟であり、キリスト教倫理学の領域で優れた業績を残した。その学説は『キリストと文化』のような人間文化論で有名になっただけでなく、その著作『責任を負う自己』は「責任倫理」の観点から「応答的人間存在」を把握し、それにもとづいて新しい人間学を確立した思想家として脚光をあびた。彼は倫理の主体を人間における責任性に置くことによってこれまでの倫理学にはなかった新しい観点を打ちだした点で注目に値する。とくに彼はバルトの「共同的人間」を「対話的人間」に見られる応答的責任性において把握しようと試みた。

このような責任性は次の四つの要素から成立する。①応答。これは身体的反射や反応とは相違して他者の行為に対して解釈・理解・関係づけをもって対応する行為である。②解釈。このような応答行為は、他者との間柄に立って互いの態度と評価とを解釈することに依存し、その解釈にもとづく応答行為が生まれる。③何ものかに対する責を負う責任性。責任というのは、ある行為がわたしたちの応答を予期してなされるかぎりで生じる。④社会的連帯性。社会を継続的に形成している作用、つまり相互作用の中で、ある行為に対する応答が生じるとき、それは真に応答的である。なぜなら「人格的責任性とは応答がなされている行為者の共同社会における連続性を意味する」からである。[98]

次にリチャードは「自己たることの基本的に社会的性格」に注目し、他者に対面することによって自己があるということは根源的経験であると主張する。自己は他者関係のなかで自己を知るのみならず、そのような関係においてのみ自己として存在する。それゆえ人間は「間─人格的」(inter-personal) な存在である。このような社会的自己を彼は良心の社会的性格から解明する。良心は他者の前での審判の意識であり、「良心は社会的存在としてのわたしの存在の働きである」。しかも良心が他者の観点から自分を裁くのは「わたしの社会の間人格的な相互作用の様式についてのわたしの意識」を表わす。[99] こうして社会的自己は自己に対し応答関係に立つ他者とかかわり、自己と他者がともに応答的に関係する第三者(法・掟・神の意志)の前に立ち、責任を負うのである。さらに彼は応答的人間が時間性、つまり自己の偶然性・運命・死に引き渡されていても、この死の支配を生へと転換し解釈するイエス・キリストによる救済のなかに、「わたしたちに永遠の憐れみを与える唯一者の行為に応答する自己」や「信仰する自己」を捉え、それについて論じた。[100] このような「自己」の理解は、神学的でも哲学的でもなく、責任性と社会性が自己の根源的経験として与えられている経験的事実から把握される。この意味で人間学的である。彼の人間学は現代の社会心理学、対話の哲学、社会学、文化人類学の歩みにもとづいているため、わたしたちにとって説得力がある。

（6）ティリッヒの哲学的神学と人間学

パウル・ティリッヒ（Paul Tillich 一八六六―一九六五年）はシュライアーマッハーの伝統を引き継いで人間存在の問題と神学との関係から哲学的神学を組織的に確立した。[101] 彼の思想は現代の政治的・歴史的現実への強い関心から生まれ、ドイツ哲学の教養と思索の深さとがアメリカに亡命後は世界的な視野の広さとによって思想的に組織化され、同時に実存的性格を堅持している。彼によると神学の任務は、イエス・キリストに現われた永遠の真理の規範と変化する歴史的現実の諸問題とのあいだを調停することにある。そのため彼は神学と哲学のあいだで両者が触れあう境界線上で思索を展開させた。哲学は人間の歴史的存在の解明によって究極的な問いを提起するのに対し、神学はこれに対しキリスト教のなかに与えられている使信をもって応答する。このように哲学的問いと神学的答えとのあいだには相互依存の関係があり、これにもとづいて神学思想を叙述する方法は「呼応の方法」（method of correlation）と呼ばれた。

彼のキリスト教人間学の方法は人間学の伝統的な三分法にもとづいている。しかし存在論的神学であるがゆえに、「霊性」の統一機能よりも「精神」の統一機能を問題にする。たとえば『道徳と宗教』の冒頭では次のように言われる。

わたしたちは人間精神（Geist）の三つの機能すなわち道徳と文化と宗教の三者を区別しなければならない。これらの三者をわたしたちが人間の「精神」の機能（Funktion）と呼ぶ場合、わたしたちは精神によって身体と魂（Leib und Seele）、生命力と合理性（Vitarität und Rationalität）、意識的なものと無意識的なもの、情緒的なものと知性的なものとの動的統一（die dynamische Einheit）をさす。人間精神のどの機能にも、全人格が含まれているのであって、人格の単なる一部分、ないし一要素ではない。わたしがしばしば主張してきたように、わたしたちは人間の天性を示すものとしてこの「精神」（Geist）という言葉を生かさなければならない。それは「心」（mind）という語に置きかえられることはできない。と言うのは、「心」は主として知的な方面を指すからである。[102]

このような心身の統一体としての「精神」の規定はキリスト教の三分法における「霊」にもとづいており、キリスト教の伝統に深く根ざしている。しかも精神によって「心」という知的な機能ではなく、心身の動的統一作用が理解されている。この点に関しては『組織神学』第三巻において精神と神の霊との関係がいっそう明瞭に考察された。[103]しかも「精神」は知的な「心」とは別の霊性を意味するものと考えられた。彼は言う、「人間は〈現臨する神〉の啓示的経験を〈霊〉または〈霊的現臨〉の用語で表現することはできなかった。……神的霊の教義は、精神を生の一つの次元〔霊〕として理解することなしには不可能であったであろう[104]」と。この霊性の次元を彼は神の霊が人間の精神の中に宿り、また働くという仕方で語る。この霊という次元において精神は神の霊の働きによって自己超越へと導かれる。この「自己超越の作用」が霊性である。もちろんそれは依然として人間の精神であり続けるが、同時に神の霊の衝迫によって、自己自身から出てゆく「脱自」(ecstasy)の状態を経験する。彼は次のように言う、「霊的現臨は啓示の経験と救いの経験とに向かう脱自的状態を創りだし、人間の精神をして自己を越えさせるが、その本質的な、すなわち合理的な構造を破壊するということはしない。脱自性は統合された自己の中心性を破らない[105]」と。このような脱自性は「まずそれによって捉えられるということがなければ、それを捉えることはできない」と言われる。そこに人間独自の受け身的な受容性が認められる。人間はその自己超越の本性によって、生の意味を問うが、答えのほうは霊的現臨の創造的力によって自己に到来する。それゆえ「自然神学」は人間の自己超越と、その超越の中に含まれる問いについて語ることはできるけれども、それに対して自分自身では答えることができない[106]。

こうした宗教的な精神の機能はさらに道徳と文化と宗教の中に分離しがたく現われる。彼は言う、「道徳は精神の担い手としての中心ある人格の構造全体である。文化は精神の創造性とその創造したものの全体をさす。宗教は存在と意味とにおける究極的無制約的なものへの人間精神の自己超越(das Selbst-Tranaszendieren)である[107]」と。この「精神の自己超越」はラインホルド・ニーバーが与えた精神の規定と全く同じであって、それは人間だけが人格となることができ、人間のみが自分に中心をもちながら、世界に帰属すると同時にそれから分離して世界に関わる人格であるからである。[108] この人格のゆえに、人は熟慮と決意にもとづいて「責任をもって」世界に対処できる。ここから文化と歴史についての新しい解釈が生まれ、彼が属しているプロテスタンティズムの文化は「神律文化」であると説かれた。それは世俗的ヒューマニズムに見られる自己満足的な自律文化や中世後期のカトリックに見られる教皇無謬説のような他律文化に対比して、神律とは実存の究極的意味が思想や行動のあらゆる相対的な形を通して輝くような文化であると規定された。

(7) パネンベルクの神学的人間学

パネンベルク（Wolfhart Pannenberg, 一九二八―二〇一四年）は初期の著作『人間とは何か――神学の光で見た現代の人間学』（一九六二年）においてシェーラーの「世界開放性」にもとづいて神学的人間学の構想を発表した。彼は学問研究の多くの部門が人間学に集中している事実をあげて、「わたしたちは人間学の時代に生きている」と語って、現代における神学の営みが人間学に向かうべきであると説いた。[109] しかしパネンベルクは「世界開放性」をさらにラディカルに解釈する。それは単に世界へと向かう開放性だけではなく、「あらゆる経験を越えて、あたえられたあらゆる状況を越えてさらになお先へと開かれている。人間はまた世界を越えて、すなわち、そのときどきの彼の世界像を越えて、さらにはあらゆる可能的な世界像や世界像一般の試みを超えて開かれている」。確かに動物の欲求がその環境に限定されているのに対して人間の欲求は限度を知らない。人間は無限に何かに差し向けられており、あらゆる世界内的経験の彼方にある存在を感じ取る。「自分が無限に何ものかに差し向けられているということにおいて、すでにそれに対応して有限ではなくて無限の彼方にある相手を前提としている。……神という言葉を意味深く使用できるのは、ただ、それが人間が無限に差し向けられている相手を意味する場合だけである[110]」。このように世界開放性は神への開放性に進展していく。

近代になると人間は自己が世界の創造者であることを確信するようになった。近代人は自分の力で文化世界を創りだしうると考えたが、それによって世界の出来事の偶然的性格と将来的なものへの開放性に対する視野が失われた。それゆえ、わたしたちは人間の世界開放性と神の信仰によって神の創造的な支配に参与できる点を人間学は今日真剣に理解すべきである[111]。もし人間が世界と神に向かって開かれていないと、どこまでも自分自身を主張し、自分を貫こうと努め、近代人に特有の自我中心性を獲得すると、そこにはすでに罪への転落が起こっている。というのも自分を自分自身のなかに閉じ込める自我性こそ罪であるから。こうして神への信頼を喪失し、自己追求の奴隷となり、心は不安に曝される。この不安を通して罪人は自分の運命を予感するが、ひとたび絶望に陥ると人間は神に向かう自分の定めから離れてしまう。ここから生じる不安と絶望の両者は、自己の周辺を旋回する自我の空虚さを表わしている。これがパネンベルクの神学的人間学の出発点であって、シェーラーの世界開放性を発展させた神学的な人間考察である。

彼の神学的人間学の大系はその後二一年を経た一九八三年に『人間学——神学的考察』となって完成され、ヨーロッパの諸学問の成果を結集して神学の基礎学として人間学を新たに確立するに至った。彼によると神学は人間学の成果を吟味した上で批判的に受容しなければならない。それゆえ彼は人間学を「教義学的」に考察するのではなく、人間生物学・心理学・文化人類学・社会学・歴史学などによって研究された人間の諸現象を解明し、そこに含まれた宗教的で神学的な意味にもとづいて人間を考察しようとする。彼はそれを「基礎神学的」人間学であると言う[112]。

この書での注目すべき点を挙げてみる。まず西欧の近代文化ではキリスト教の世俗化が進み、世界から宗教を閉めだす傾向が一般化している。しかし彼によると、神経症的な人格障害が蔓延している事実は宗教を抑圧していることから起こっている。だから宗教がもっている意味が人間において解明されなければならない[113]。つまり宗教的次元を人間本性のうちに回復することが今日の神学的人間学の課題となった。ここではシェーラーの「世界開放性」よりもプレスナーの「脱中心性」が重要視される。プレスナーの場合、人間学的根本構造の叙述に際し、自己意識が明白に主題として取り上げられ、「自己意識として遂行される反省のプロセスが、動物的中心性と脱中心性の統一の場とみなされている」[114]。この自己意識における中心性と脱中心性との矛盾相克の中に人間がプレスナーにとって把握され、それによって人間存在の罪性の自覚に至ることができる。それゆえパネンベルクはシェーラーの「精神と生命」の対立よりもプレスナーの「中心性と脱中心性」の対立の方がいっそう優れた人間学的な理解であるとし、「それは、そこからいかなる逃げ道もなく、またそのためのいかなる調停も存在しない自分自身との不一致である[115]」と言う。

さらに人間の社会性が考察の対象となり、とくに個人の自己同一性と文化的生活世界の関係が社会心理学的に探求される。なかでもエリクソンの「同一性」つまりアイデンティティの危機の克服という視点がミードの「一般化された他者」の学説、さらにフロイトの自我論と合わせて考察され、自我

(ego) と自己 (Selbst) との関連から他者との基本的信頼と愛の重要性が指摘された。さらに他者との関係で呼び起こされる感情・気分・情熱の意義が問われ、心情の運動の真相および疎外と罪との関連が探求された。とりわけ罪責感情としての良心の優れた分析が披瀝された。さらに「文化」概念の検討がなされ、カッシーラーの象徴形式の哲学やホイジンガの『ホモ・ルーデンス』による文化的人間学の意義が考察される。さらにデュルケームやピーター・バーガーの社会学による社会制度論が検討され、終わりに人間の歴史的存在が詳細に論じられた。

(8) 内村鑑三の人間学

日本においても明治以来キリスト教人間学の独自な展開が見られるが、ここではその代表として内村鑑三を取り上げてみたい。

内村鑑三（一八六一―一九三〇年）は札幌農学校でキリスト教に接し、宣教師ハリスから洗礼を受け、結婚に失敗し、アメリカに渡ってアマースト大学のシーリー学長の感化によって「回心」を経験する。帰国後、教育勅語に対する最敬礼をためらったことで、不敬事件を起こし、多くの苦難を経て、「聖書之研究」を創刊し、明治・大正時代の代表的キリスト者となった。彼は外国の宣教師の影響を受けない無教会主義を唱え、もっぱら聖書にもとづくキリスト教を確立する。ここではまず彼の人間学の特質を検討してみたい。

内村は「人の三性」という論文で「あなたがたの霊も魂も体も何一つ欠けたところがないものとし

て守り」（一テサ五・二三）という聖書の言葉から「霊・魂・身体」を伝統的な三分法として次のように考察した。

「其第一は肉（Flesh）である、人は肉に由て物質的宇宙と繋がる、彼は肉に在て食ひ、飲み、育ち、殖える、肉に在て彼は禽獣と運命を共にする、肉なる彼は塵より出て塵に還り、獣と共に地に降る。伝道之書三・二〇、二一節。

其第二は霊（Spirit）である、人は霊に由て神と繋がる、彼は其処に神に接し、彼と交はる、霊に在て彼は時間空間の制限を脱し、其処に死あらず哀み嘆き痛み有ることなし、霊に在りて彼は全く禽獣と異なり、天に在る天使の如く、娶らず、嫁がず、したがって嫉み、争い、闘うことなし、霊なる彼は実に神に象られて造られし者である（マコ一二・二五、二六）。

其第三は自我（Self）である、或ひは之を霊魂（Soul）と称す、人が自己を自覚する所である、彼の意志の所在であって、善悪上下の定まる所である、自我の上に霊が有り、其下に肉がある、人の自我に於て霊界は物界と接し、二者の連結と調和とは之に依て司どらる[116]」。

これがキリスト教人間学の三分法に関する内村の説明である。三分法が「肉・霊・自我」となっているが、自我は霊魂とも置き換えられている。アダムの堕落もこの自我によって説明された。すなわち「人類は始祖の堕落に由て肉と化し去ったのである、即ち彼の霊は顧みられずして、彼は自ら択んで其自我の本拠を彼の肉に移し、其結果彼は野の獣と空の鳥と性を同にする者となったのである[117]」。

それゆえ、わたしたちに必要なのは「霊とその再生」である。人祖アダムの罪によって霊は今や永きにわたって廃棄されたので、無きに等しくなった。それゆえ霊の再生が必要になった[118]。そのさい人間の「霊」は神の霊から働きかけられるがゆえに、「人の霊は神の霊との接触点である」。ヨハネが「神は霊なれば彼を拝する者は霊と実とを以てせざるべからず」と語ったのもこの点である。

このような人間学的三分法による理解を彼はいっそう詳しく「人の三分性　一名、聖書心理学の大要[119]」において解き明かした。ここでは「人の心の構造如何は聖書に依らずして知ることは出来ない」と前置きされ、人間の内的な構造が三分法で示される[120]。そこに展開する「体・心・霊」はヨーロッパのキリスト教的伝統に立つ三分法と同じである。

次に彼の人間学の特質が信仰を「霊の能力」として把握するところにある点を指摘したい。信仰は何を信じるかという[121]「信仰対象」を意味するばかりか、その機能によって対象が信じられる主体の側での働きをも意味する。そこでまず信仰が霊性の能力として理解される点を挙げてみよう。

(1) 信仰とは「霊の能力」である　内村は「からし種一粒ほどの信仰があれば、この山に向かって、『ここからあそこに移れ』と命じても、そのとおりになる」（マタ一七・二〇）というイエスの言葉について次のように言う。

「信とはこの場合においては霊の能力《ちから》であります。これは人が万物の霊長として神より授かるの特権を与えられたものであります。……しかるに、人類は神を離るると同時に、この能力を失ったのであります。そうしてキリストの降世の一つの大なる目的は、人類にこの最初の特権をふたたび付与せんがためであります[122]」。

内村は「信仰」を「霊の能力」として説き、霊が神から離れたので、この霊の力を喪失した。この罪による霊性の力の損失は神の言葉によって回復されると説かれた。

(2) 信仰によるキリストとの一体化

初期の作品『求安録』ではわたしたちの救いはキリストにおいて神とつながることから来る、それゆえキリストによらなければ、人は罪を赦されて神と一体となることができない、と語られる。そのさい霊性は「良心の悲嘆」という作用に現われており、その内容は「降れば良心の責むるあり、登るに肉慾の妨ぐるあり」ということであって[123]、これを克服する信仰は「智能上の准許にあらずして心霊上の応諾」であり、心霊が信仰によって神と一体化することによる。それゆえ彼は理性よりも、霊の感応を重要視する。「神は直感を以て感じ得べきものにして推理的思考の結果として得らるべきものにあらず、一見百聞に若かず、宗教を了得するには〈第六感〉の作用と発達とを要す[124]」。このような「第六感」は霊性の「感応」作用であり、それによってキリストとの合一作用も起こってくる。

(3) 「心霊の実験」

一九〇三年から一九〇四年にかけて雑誌に連載された『基督教問答』では「心霊の実験」が強調される。彼はこの書で「私の全有 whole being によって、即ち私の実在そのものに省みて、終にキリストを私の救主、即ち神と認めぎるを得ざるに至った」と言う[125]。簡単に言うと全存在を傾けての罪の自覚なしにはキリストの神たることは分からないということであり、全身全霊をかけた「道徳的実験」によってのみ神の真理は把握される。また次のようにも言われる、「神の真理は背理的ではありませんが、しか超推理的であります。理性以上の機能によって知ることのできる真理でなければ、これを神に関する真理ということはできません」[126]と。したがって「罪悪問題とキリストの神性問題」とは緻密なる関係を有し、罪を知らずしてキリストはとうてい分からないことになる。「私どもはキリストに救われんがためには、神に自己の罪を暴露されて、消え入るばかりの恥辱の淵に臨まなければなりません」。自分の罪を自覚して初めてキリストを神なる救い主として仰ぎ見るに至る。こうして内村は理論的な神学ではなく、霊的な実験にもとづく人間学を確立した[127]。

このような内村の人間学の特質は代表作『ロマ書の研究』でも継続される。これは一九二一年から一年余をかけて行われた「ロマ書講演」の「筆記録」と「約説」（後半のみ）からなっている[128]。なかでも「教理の主張の半面に必ず生ける霊的実験が伴う」（1、五二頁[129]）とあって、キリスト教思想が人間学的な霊の実験的な理解によって考察される。このような視点から内村を解釈することは人間学の観点から彼の思想を検討し直すことであって、優れた意味をもつことができる。

(4) 「心霊」による人間学的考察

彼がこの書で力説していることは「心霊」という言葉によって人間学的な「霊」を解明することである。それは一般の「心」よりもいっそう内面的な奥深い「霊」の働きを指す。それは「宗教とその必要」という論文ではキリストとの交わりがそこにおいて生起する場所として「心霊の奥殿」である[130]。この言葉はドイツ神秘主義で用いられた「魂の根底」(Seelengrund)[131]に相当する言葉であって、ルターはこれを聖書的な概念の「霊」(spiritus=Geist)でもって置き換えた。この「霊」概念はローマの信徒への手紙八章において頻繁に用いられ、信仰とは人間がその霊によって神の霊を受容し、心の変容を受け、罪の状態から救いの状態に移ることを意味する。ここに「人間の霊」と「神の霊＝聖霊」との交わりが説かれており、内村の人間学的な霊の理解はこの霊的な交わりを通して解明することができる。

だが、内村が強調するように、「霊性」と言ってもこれによって直接神に触れることはできない。そうではなくイエス・キリストの恩恵を通してのみ神に関わることができる。「すべての恩恵は、神よりキリストを通してくだるのである。これ聖書の教うるところにして、また実験上の真理である」（1、四五頁）。

(5) 贖罪の教義と霊性作用　内村は若き日にアメリカのアマースト大学の総長シーリーのもとでキリストを仰ぎ見る（仰瞻《ぎょうせん》）としての信仰に到達したが、晩年の『ロマ書の研究』においてもこの信仰によって罪から脱することを力説する。「われらはイエスの十字架を仰ぎ見て罪のゆるしを得ると共に、またイエスを仰ぎ見て罪を脱するの道に入るべきである」（1、一〇一頁）。ここから起こってくる思想は贖罪論であって、この講解でも反復して説かれる。そこに内村によるキリスト教の根本教義の変革が捉えられる（2、二二三頁）。

(6) 霊性の受容・変容・創造作用　信仰は信仰対象としてキリストの出来事とその教義に関わるが、内面的には積極的にキリストに関与する生ける働きを起こす。そこにはキリストの恩恵を理解するだけではなく、それを受け取る心の受容作用が不可欠である。これに関して内村は次のように言う。

実に絶対の恩恵、何ら人の功によらず、来たる者の汲むにまかするところの生命の泉なる「神の義」である。ただし信仰という汲器《くみき》を持ち来たらざる者はこの泉より生命の水をくみ取るを得ない。ゆえに人々よ、忘するるなかれ、汲器を携えて来たることを。いかに「たまものとして」無料に与えらるる生命の水なりとも、汲器なき者はこれをわがものとするを得ないのである。

（1、一五八頁）

このような信仰の汲器としての働きは、霊性の受容作用を意味している。さらに彼はキリスト教の根本的教義を生ける神の霊との霊的な合致において捉えようとする。つまり「キリストのご生涯によって神と人との関係が正され、ここに両者の間に交通の道が開かれ、キリストを通して、生ける神の霊が死せる人に伝わり、その結果として、人が罪と死とよりまぬかるるに至るというのが、キリスト教の根本的教義である」（2、二八頁）。そこには霊的合致が心霊的な事実として起こっている。それゆえ信仰とは、キリストと合致することである。彼は言う、「キリストを仰ぎ、ながめ、信ずる生涯はしだいに聖化せられて、キリストと同じ姿のものとなる。そしてこれは自力によるにあらず、全く聖霊によるのであると、パウロはここにいうのである」（1、二二三頁）。この「同じ姿」は「小キリスト」とも言い換えられる（1、二二一頁）。このような「聖化」は聖霊の働きによって起こる「霊化」であって、「われらの霊にくだりて内より働くがゆえに、その行動たるや自由であって積極的である」（1、二三五頁）とも言われる。これこそ霊の高みから隣人に働きかける愛の創造作用である。

それればかりか、ここから内村は個々に犯された罪の帳消しをもくろむ儀式主義に対して批判しかつ攻撃する。さらに彼はキリスト教の霊的な理解を蔑ろにする教条主義的な神学を攻撃する。それは無教会の立場から見ると必然的な結果かも知れないが、人間学的観点から見ると、それは単なる批判思想ではなく、心霊の実験に立つ霊性思想から淵源していることが知られる。

註

(1) アウグスティヌスは『ソリロクィア』一・二・七で次のような対話を交わしている。「理性〈では、あなたは何を知りたいのか〉。わたし〈わたしが祈ったこれらすべてのことです〉。理性〈もっと短く要約しなさい〉。わたし〈神と魂をわたしは知りたい〉。理性〈ほかに何もないかね〉。わたし〈まったく何もありません〉」。

(2) アリストテレス『形而上学』九八二b一三。

(3) アウグスティヌス『告白録』四・四・九。

(4) アウグスティヌス、前掲書、四・一四・二二。

(5) この不安について金子晴勇『アウグスティヌスとその時代』知泉書館、二〇〇四年、一一七頁以下を参照。

(6) アウグスティヌス『告白録』一・一・一。

(7) この神への対向性は「神の像」として造られた人間の本性の中に与えられている。この点を彼は『三位一体論』で詳しく解明する。この点に関して金子晴勇、前掲書、一五二―一六一頁参照。

(8) キルケゴールはこの過程を「実存の三段階」として説いたことで有名であるが、実は彼の前にはアウグスティヌスの学説が先行しており、そこから彼は自ら述べているように三段階説を学んだのであった。

詳しくはG・マランチュク『キルケゴール』参照。
(9) アウグスティヌス『神の国』一二・一・三。
(10) アウグスティヌス、前掲書、一四・一二。
(11) アウグスティヌス『譴責と恩恵』一一・三一。
(12) アウグスティヌス『神の国』一四・一三・一。
(13) アウグスティヌス、前掲書、一三・二三・一。
(14) アウグスティヌス、前掲書、一三・三。
(15) アウグスティヌス、前掲書、一九・一三。
(16) アウグスティヌス、前掲書、一四・二・一。
(17) トマスの学説を要約するとこうなる。魂が身体に先立って創造されたというオリゲネスやアウグスティヌスの説を彼は批判し、魂が身体と同時に創造されたと考えた。
(18) トマス・アクィナス『神学大全』第一部、第七六問一項。
(19) この説は『霊魂論』の全体を通して詳論される。S Thomas Aquinatis, Questiones Disputatae. Tomus II, Marietti, 1953, 277-362.
(20) トマス・アクィナス『神学大全』第一部、第九三問四項。
(21) 詳しくはF・ファン・ステンベルゲン『トマス哲学入門』稲垣良典・山内清海訳、文庫クセジュ、一九九〇年、五二―五四頁参照。
(22) トマス・アクィナス、前掲訳書、二四〇頁。
(23) スコトゥスとオッカムの出典箇所と人間観について詳しくは金子晴勇『近代自由思想の源流』創文社、

一九八七年、四七―五二、七〇―九四頁を参照。

(24) Sermo IX, MPL 198, 1747, J・ルクレール『修道院文化』神崎忠昭・矢内義顕訳、知泉書館、二〇〇四年、二五四頁からの引用。

(25) ルクレールはこれをロンバルドゥスの命題集の序文とベルナールの『雅歌の説教』第一説教と比較して論じている。ルクレール、前掲訳書、七―一〇頁参照。

(26) ガラテヤの信徒への手紙四章一―七節参照。

(27) Bernardus, SC. 85, 13: Sancti Bernardi Opera, Romae, 1963, = SBO. 2, 315-6.

(28) Bernardus, De gradibus humilitatis et superbiae, 5, 16. SBO., 3, 28.

(29)「根底」は元来沃土の低地や谷を意味し、やがて泉の湧き出る低地、さらに土台や地盤を意味するようになった。これがエックハルトやタウラーでは宗教的意味をもつようになり、感性や理性を超える霊性の次元を表現するために用いられた。

(30) J. Tauler, Predigten, übertragen von G. Hofmann, 1961, S. 412. また「心情は神の形をしており、いつも神に永遠にわたる回顧のまなざし (ein ständiges, ewiges Rückblicken auf Gott) を向けている」(ibid., S. 411)。

(31) J. Tauler, op. cit., S. 17-18.「根底」概念について詳しくは金子晴勇『ルターとドイツ神秘主義――ヨーロッパ的霊性の「根底」学説による研究』創文社、二〇〇〇年、一七三―一七九頁を参照。

(32) エラスムス『エラスムス神学著作集』金子晴勇訳、教文館、二〇一六年、二三〇、二三五頁。傍点筆者。

(33)「純粋で真実なキリストの哲学は福音書と使徒書から汲みだされるのにまさって、他のどこにもそれほどまでに豊かには与えられていない、とわたしは思います。……わたしたちが何かを学びたいと願うなら、どうしてキリストご自身よりも他の著者を喜んだりするのですか」（D. Erasmus, op. cit., S. 26-28）。

（34）エラスムス、前掲訳書、四〇頁。

（35）エラスムス『評論「自由意志」』山内宣訳「ルター著作集7」聖文舎、一九六六年、二七―三九頁。

（36）エラスムス、前掲訳書、五二頁。

（37）WA. 40, II, 327, 11-328, 3.（WA. はルターのワイマール版全集を示す。続く数字は巻（分冊のあるものはその数）、頁、行を示す）

（38）G. Ebeling, Cognitio Dei et hominis, in: Luterstudien, Bd. I, 1971, S. 221ff.

（39）P. Althaus, Die Theologie M. Luthers, 1962, S. 21f.

（40）WA. 40, II, 328, 30-33.

（41）ibid., 326, 25-327, 16.

（42）WA. 54, 185. = CL. 4, 427, 18-26, 37-428, 2 参照。（CL. はルターのクレメン版著作集を示す。続く数字は巻と頁である）

（43）WA. 7, 550.

（44）霊性と言っても神の言であるキリストを無視した霊性主義者たち（Spiritualisten）に対してはルターは戦わざるを得なかった。

（45）この点はアウグスティヌスやルターによって明瞭に説かれている。

（46）WA. 7, 551.

(47) この論争については金子晴勇『宗教改革の精神――ルターとエラスムスの思想対決』講談社学術文庫、二〇〇一年を参照。
(48) J・カルヴァン『キリスト教綱要(一五三六年版)』久米あつみ訳、教文館、二〇〇〇年、三三頁。
(49) 理性と知性について「この光はすべての人に生まれながらに与えられていて、それは神のいつくしみによって、めいめいに価なしに贈られている神の賜物である」と説かれた(カルヴァン『キリスト教綱要』第一巻、渡辺信夫訳、新教出版社、一九六二年、五〇、五三頁)。
(50) 金子晴勇『近代人の宿命とキリスト教』聖学院大学出版会、二〇〇一年、二八―三〇頁参照。
(51) Th. Rabb, The Struggle for Stability in Early Modern Europe, 1975, p. 81f. このラブの学説についてはW・パネンベルク『近代世界とキリスト教』深井智朗訳、聖学院大学出版会、一九九九年、五二―五四、一〇三―一一〇頁参照。
(52) それゆえT・ホッブズはその著作『リヴァイアサン』において、国家宗教が統治者によって決定されると定式化する必要を感じたが、このことはアウグスブルク宗教和議にもとづいていた。
(53) パネンベルク、前掲訳書、四八頁。
(54) パネンベルク、前掲訳書、四八―四九頁。
(55) I・カント『啓蒙とは何か』篠田英雄訳、岩波文庫、一九八一年、七―九頁。
(56) I・カント『純粋理性批判』第二版「序」高峯一愚訳、河出書房、一九六五年、三六頁。
(57) 本書、第Ⅲ章第4節、八九頁参照。
(58) I・カント『宗教論』飯島宗享・宇都宮芳明訳「カント全集9」理想社、一九七四年、四七頁。
(59) 同じことが『宗教論』でもさらに考察され、心情というのは「道徳法則を自らの格率のうちに採用するかしないかという、自然的性癖から発現するところの選択意志の能力または無能力は、善きまたは悪しき心情と名づけられる」(カント、前掲訳書、同頁)。さらに信仰の革命については前掲訳書七三―七四頁を参照。
(60) F. D. E. Schleiermacher, Reden, Philosophyische Bibliothek, S. 31.
(61) F. D. E. Schleiermacher, op. cit., S. 31.
(62) F. D. E. Schleiermacher, op. cit., S. 11.
(63) F. D. E. Schleiermacher, op. cit., S. 37.
(64) F. D. E. Schleiermacher, Glaubenslehre, Bd. I, S. 29; 31.
(65) メーヌ・ド・ビラン『人間学新論――内的人間の科学について』増永洋三訳、晃洋書房、二〇〇一年、七二頁。
(66) L・A・フォイエルバッハ『将来の哲学の根本命題』松本一人・和田楽訳、岩波文庫、一九六七年。
(67) フォイエルバッハ、前掲訳書。
(68) S・A・キルケゴール「ギーレライエの手記」桝田啓三郎訳「世界の名著40」中央公論社、一九六六年、二〇頁からの引用。
(69) S・A・キルケゴール『死にいたる病』「世界の名著40」四三五―四三六頁。
(70) キルケゴール、前掲訳書、四七四頁。
(71) キルケゴール、前掲訳書、四三六―四三七頁。
(72) M・シェーラー『同情の本質と諸形式』青木茂・小林茂訳「シェーラー著作集8」白水社、一九七七年、三六〇頁。

（73）シェーラー、前掲訳書、三六一頁。
（74）M・シェーラー『宇宙における人間の地位』亀井裕・山本達訳「シェーラー著作集13」白水社、一九七七年、四七頁。
（75）H. Plessner, Die Stufen des Organischen und der Mensch, 3 Auf., S. 219, 1975.
（76）H. Plessner, op. cit., S. 288.
（77）H. Plessner, op. cit., S. 290.
（78）H. Plessner, ibid., S. 345.
（79）バルトは一九三二年以来死に至るまで超大作『教会教義学』を書いた。教義学とは教会が自己の土台たる神の言葉を正しく宣教しているかどうかを吟味することである。現代のプロテスタント神学に与えた彼の影響は絶大であり、今日のキリスト教思想を代表する神学者の一人である。
（80）K・バルト『ローマ書講解』上巻、小川圭治・岩波哲男訳、平凡社ライブラリー、二〇〇一年、三〇頁。
（81）ブルンナーはチューリッヒ大学の教授であったが、一九五三年から五五年にかけて来日し、新設の国際基督教大学の客員教授として活躍し、日本の教会に直接多大の影響を与えた。
（82）E. Brunner, Die Mystik und das Wort. Der Gegensatz zwischen moderne Religionsauffassung und Christlichen Glauben dargestellt an der Theologie Schleiermachers, 2 Auf, 1928.
（83）たとえばE・ブルンナー『キリスト教と文明』熊沢義宣訳「現代キリスト教思想叢書10」白水社、二〇〇一年、一四六頁参照。
（84）E・ブルンナー『人間』吉村義夫訳、新教出版社、一九五六年、九六頁。「人間の特性は神の決定に基づく自己決定により、呼びかけに対する応答として、すなわち決断によってはじめて成立する。必ず決断しなければならないということ、それが人間の本質的な特徴である。それゆえに人間は人間以下のあらゆる存在と違って能動的な存在である」。

(85) 丸山仁夫訳編『自然神学の諸問題』新生堂、一九三六年、三三頁。
(86) 丸山仁夫訳編、前掲訳書、一〇六―一〇八頁参照。
(87) K. Barth, Dogmatik, I, S. 251. 近藤定次『バルト神学における神と人』新教出版社、一九五〇年、一四五頁。
(88) K. Barth, op. cit., ibid. 近藤定次、前掲書、同頁。
(89) K. Barth, Mensch und Mitmensch. Grundformen der Menschlichkeit, Kleine Vandenhoeck-Reihe 2, 1967, S. 3. この書についてD. J. Price, Karl Barth's Anthropology in Light of Modern Thought, 2002, pp. 130-64を参照。
(90) K. Barth, op. cit., S. 37. K・バルト『人間性について』山本和訳「現代の信仰3」平凡社、一九六七年。この箇所はK・バルト『教会教義学』第三巻二「人間と同胞」の訳である。
(91) K. Barth, op. cit., S. 74, 78.
(92) 日本ではラインホルド・ニーバーの主著の解説を含む大塚節治『基督教人間学』全国書房、一九四八年が出版されるようになった。
(93) ラインホルド・ニーバー『キリスト教人間観』武田清子訳、新教出版社、一九五一年、二〇二頁（一部変更）。
(94) 「マックス・シェーラーは、聖書の伝統にしたがって、人間におけるこの特殊の性質と能力とを示すために、ギリシアのヌースと区別して「精神」（Geist）という語を用いることを提案する」（ラインホルド・ニーバー、前掲訳書、二二四、二〇九頁をも参照）。
(95) ラインホルド・ニーバー、前掲訳書、二一七頁。
(96)「自己超越の事実は、世界を超越する神の探求へと、不可避的に導いてゆく。アウグスティヌスは言う、『私は記憶と呼ばれるわたしのこの力を超えて進もう。そうだ、私は汝に近づくために、それを超えて進もう』と」（ラインホルド・ニーバー、前掲訳書、二一八頁）。
(97) ニーバーのシェーラーに対する理解、とくにその「精神」（Geist）の理解に関してはラインホルド・ニーバー、前掲訳書、二一四―二一五頁参照。ここには霊性の媒介作用が認められている。
(98) リチャード・ニーバー『責任を負う自己』小原信訳、新教出版社、一九六七年、七九頁。
(99) リチャード・ニーバー、前掲訳書、九七頁。
(100) リチャード・ニーバー、前掲訳書、一九〇頁。
(101) 彼はドイツに生まれ、マールブルク大学で哲学と神学を講じたが、同時にドイツ宗教社会主義運動の理論的指導者として活躍し、ナチ批判を行なったため追放され、アメリカに移住し、ユニオン神学校で哲学的神学を講じた。主著『組織神学』全三巻。
(102) P. Tillich, Das Religiöse Fundament des morarischen Handelns, Gesammelte Werke Bd. III, S. 15f.
(103) P・ティリッヒ『組織神学』第三巻、土居真俊訳、新教出版社、一九八四年、一四二頁。
(104) ティリッヒ、前掲訳書、一四三頁。
(105) ティリッヒ、前掲訳書、一四三頁。「神と再結合する祈りは、脱自的性格をもっているということを知っていた。このような祈りは、人間の精神には不可能なものである。なぜなら、人間はいかに祈るべきかを知らないからである。しかし、神の霊には、人間を通して祈ることが可能である」。
(106) ティリッヒ、前掲訳書、一四四頁。
(107) P. Tillich, Das Religioöse Fundament des morarischen Handelns, op. cit., S. 16.
(108) ここにはプレスナーの「脱中心性」の概念が的中する。本書、第Ⅲ章第7節(2)を参照。
(109)『人間とは何か――神学の光で見た現代の人間学』熊澤義宣・近藤勝彦訳「現代キリスト教思想双書14」白水社、一九七五年、三四五頁。
(110) W・パネンベルク、前掲訳書、三五六―三五七頁。
(111)「人間は、まさに無限の神を信頼するように定められていることによって、あらゆる有限な状況と環境とを越え出るようにと呼び出されている。そしてこの超え出ることが、人間が世界を処理できる前提である」(パネンベルク、前掲訳書、三八四頁)。
(112) この言葉はハイデガーの『存在と時間』において採用された「基礎存在論」に酷似している。
(113) W・パネンベルク『人間学――神学的考察』佐々木勝彦訳、教文館、二〇〇八年、三頁参照。
(114) パネンベルク、前掲訳書、一〇一頁。
(115) パネンベルク、前掲訳書、一〇一頁。
(116)『内村鑑三全集8』(旧版)、「教義研究」上、「人の三性」岩波書店、一九三三年、二五四頁。
(117) 内村鑑三、前掲書、三七三―三七七頁。
(118) 内村鑑三、前掲書、三七八―三七九頁。
(119) 内村鑑三、前掲書、二六一頁。
(120) 内村鑑三、前掲書、二六四頁。

(121)前者はヨーロッパの中世では fides quae cretitur と言われ、後者は fides qua cretitur と呼ばれてきた。信仰対象は神の存在とその教えであるが、信仰する作用は人間の心の働きである。
(122)内村鑑三、前掲書、七五六頁。
(123)『内村全集』第一巻、警醒社書店、一九一九年、一三五―一三六頁。
(124)内村鑑三、前掲書、三〇八頁。
(125)「私の全有」「実在そのもの」というのは心身の分けられない自己の全体を指す。
(126)中沢洽樹『「仰瞻」のキリスト論――覚え書』「中沢洽樹選集3」キリスト教図書出版社、一九九九年、一一九頁。
(127)以上の引用は内村鑑三『キリスト教問答』講談社学術文庫、一九九六年、七二―七七頁に依っている。
(128)この講演を内村は「歴史的な大講演会」とか「日本キリスト教史上に今日まで空前絶後なる大講演会」と自負しているように、それに参加した聴衆は毎週数百人を越していた。それに続けて『ヨブ記講演』が一九二二年三月から行われた。なお、この年の二月には黒崎幸吉は内村の助手となっている。
(129)引用は「内村鑑三聖書注解全集」教文館、第16巻『ロマ書の研究』上巻(略号1)、一九六五年と第17巻『ロマ書の研究』下巻(略号2)、一九六一年による。
(130)『内村鑑三全集11』(旧版)、一九三三年、講演下、九二―九八頁(『聖書之研究』一八三号、一九一五年一〇月一〇日)。
(131)この歴史的な事実はルターとドイツ神秘主義との関連を示す重要な内容を伴っている。聖書の概念によってこのように言い換えたことは受容が必然的に変容を伴っていることを示す。詳しくは金子晴勇『ルターとドイツ神秘主義』一八〇―一八五頁参照。

Ⅳ　キリスト教人間学の課題

これまでキリスト教人間学の歴史を重点的に考察してきたが、次にわたしたちが探求する問題は現代において考察すべき課題である。このことに関して重要と思われる一〇の主題を立てて、それらを逐一解明していきたい。

1　「神の像」と「人間の尊厳」

わたしたちがまず問題として取り上げなければならないのは、今日人間について最大の関心が寄せられている「人間の尊厳」である。これはヨーロッパ的な伝統となっている人間性の最大の特質である。キリスト教人間学はこれをどのように理解しているのであろうか。これまでの歴史では人間の本質が「神の像」（imago Dei）によって説明されてきたが、この神の像と、古代ギリシアに淵源する「人間の尊厳」（dignitas hominis）とはどのように比較されうるであろうか。またこの対比によって「神の像」の意義がどのように明らかになるであろうか。このことをキリスト教人間学の解明すべき第一の課題として立ててみたい。

そこで古代のギリシア思想から「人間の尊厳」を、古代ヘブライ思想からは「神の像」を、それぞれ人間学の基本概念として取りだし、まず両概念の共通点と相違点を指摘してから、キリスト教人間学にとって双方がどのような意義と課題をもっているかを検討してみよう。

(1)「人間の尊厳」の由来

プラトンの『饗宴』の巻末にアルキビアデスの演説があり、その中で外見的には醜いと感じられるソクラテスの心中に「神の像」が宿っていることが印象深く語られる。彼は言う、「諸君、僕はソクラテスを、こういうやり方で讃美しようと思う。……僕の主張では、彼は、あの彫像屋の店頭に鎮座しているシレノスの像――その像というのは、彫刻家が、角笛横笛を持たせてつくっており、また、真ん中を二つに開かれると、なかに神々の像を持っているのが見られるわけだが――そういうシレノスの像に、きわめて似ている[1]」と。ここにあるシレノス(あるいはセイレノス)というのは山野に生息する精の一種で知慮に富むと同時に皮肉や嘲笑に巧みであると言われる。これはソクラテスの魁偉な容姿になぞらえたものと言えよう。こうして外見からは計り知れない知慮と分別の徳が内面に輝いていることが逆説的に伝達されている。だからこうも語られている。

その姿は、この人が外側にまとっている姿に過ぎないのだ。……そのシレノスの内部が開かれた場合、内部の宝を——誰か目にした人があるかどうかはいざ知らず、——とにかくこの僕は、かつてそれを見たことがあった。そして僕には、ああこれはなんと神々しい金無垢だ、げにも卓絶した美品だ、と思われた。その驚きといったら、まったく、このソクラテスが為せとすすめることなら、ただもう文句なしにやらなければなるまいと、そうも思われたほどだった。(2)

ギリシア人の人間観にはザグレウス〔ディオニュソス〕の神話からの影響があって、ゼウスはその子ザグレウスに世界の支配権を授けておいたのに、〔巨人族の〕ティタンがこれを殺して食べてしまったので、ゼウスは怒ってティタンを滅ぼし、その灰から人間を造った。そこで人間はティタンの灰のゆえに神への反抗心を、灰のなかの神の子のゆえに神的性質を具えていると考えられた。この神の子がここでは人間の尊厳と関連している。

ところでこの「人間の尊厳」は人間そのものに内在する優れた価値を表わしている。それは諸々の価値の中でも人間としての価値、つまり人格価値を言い表わす概念である。それは内容的には古代ギリシアにおいてすでに使われていた。その例証として「ソクラテスの福音」とも言われる「魂の配慮」についてのソクラテスの演説をここで引用してみよう。

世にも優れた人よ、君はアテナイという、知力においても、武力においても、最も評判の高い、偉大な国都の人でありながら、ただ金銭だけを、できるだけ多く自分のものにしたいということにだけ気をつかっていて、恥ずかしくないのか。評判や地位のことは気にしても、思慮や真実は気にかけず、精神をできるだけ優れたものにするということにも、気もつかわず、心配もしていないというのは。[3]

ここには「人間の尊厳」という言葉は使われていないが、その思想は「精神をできるだけ優れたものにする」という「徳の形成」として内容的には含意されている。このような思想が古代ギリシアの思想家においては宗教との関連をもつことなく芽生えてきたところに特徴があり、ローマ時代にはキケロによって人間の「優美」や「気高さ」として古典的なヒューマニズムの精神を表わすものとなった。[4]キケロが説いた人間の卓越性の分析は、現在知られている古典文学の中で、もっとも完成された人間の尊厳の賛美であり、ギリシア合理主義と楽天主義の頂点をなすものである。

この「人間の尊厳」という概念は中世においてはスコラ神学の代表者トマス・アクィナスによっても採用された。彼は「人格は尊厳を含有する」、また「人格とは尊厳の名称であると思われる」[5]と語っており、それを人間の自発的な自由な存在に求めた。「人間の尊厳、すなわち人間が自発的に自由であって自己のために存在するもの」[6]と彼は述べ、別のところでは、尊厳を次のように端的に説明する。「尊厳（dignitas）はあるものの固有の価値（bonitas）であるが、利益（utilitas）はあるものの目的のための価値を意味する」[7]と。ここには既述のカントの人格思想がすでに表明されている。[8]

ところで一五世紀のルネサンスの時代にはピコ・デルラ・ミランドラの有名な演説『人間の尊厳について』の中に、この時代を代表する尊厳思想が表明された。この「人間の尊厳」の思想がルネサンスの統一的な主題となって成立するにさいし、問題なのはそれがキリスト教思想を排斥する仕方で説かれているのか、それともキリスト教によって完成するものと考えられているのかということである。ピコはそれをキリスト教思想を含めて考えたが、近代になるとたとえば啓蒙時代には理性の立場から「人間の尊厳」(Würde des Menschen)が再度力説され、カントによって近代的人間の根底に据えられ、その人格主義もこの「人間の尊厳」にもとづいて説かれた。だが、それがキリスト教の考えを含んでいるか否かは明らかでない[9]。

(2)「神の像」としての人間の意味

旧約聖書にある「神の像」は元来「立像」のように物理的に制作され、その使用には宗教史的な意味があると言われる。旧約聖書学者フォン・ラート(Von Rad)が力説しているように「地上の力ある王が支配権を示すために自分の像を、個人的には行けない帝国の属州に立てるように、神の主権の象徴として人間は地上に置かれている。人間は地上に対する支配の要求を主張し強化するために呼ばれている、神の代理人にすぎない[10]」。実際、古代オリエント、とくにエジプトでは、王の像は神的権威を体現する王自身を表わすものとして、王の支配の及ぶところにおかれ、崇拝された。ところが聖書は「神の像」を人間という被造性において捉えているのであるから、このような人間観はオリエント的な神王イデオロギーに対する批判であると見ることもできよう。

それゆえ「神の像」としての人間はそれ自身で自己を形成できず、むしろ依存的で派生的な性格を明瞭に示している。したがって「像」というのは像の内実に優る何かをほのめかし、暗示している。

このことは人間の神に対する特別に親しい関係と地位に目を向けることによって明らかになる。こうした神と人との特別な関係は旧約聖書では「契約」によって示され、神は人格的な「汝」としてイスラエルの民に経験されている。創世記一章もこれを継承しており、そこには神は自ら選んだ被造物と特別な関係に入ろうと決意していることが示される。この関係というのは「我と汝」の関係である。両者は向かい合って対峙している。このようになりうるのは人間が神にかたどって造られ、神に対向する存在であるからである。こうして初めて、神が語り人が聞く対話の関係が神と人の間に成立しており、この関係の中で人間に人格性が付与される。

この神の語りかけに人が応答することから親密な神人関係が始まる。これが旧約聖書の神の特筆すべき性格である。神はわたしに対し「あなた」と語る。まさにこのゆえに、わたしは神に対し「あなた」と語ることができる。人格的な神とは、人間を人格にまで育成させる神なのである。「あなたはわたしのもの。わたしはあなたの名を呼ぶ」（イザ四三・一）。イスラエルの宗教は神に対する人間の関係のすべてを、この語ることと聞くことに定めている。それゆえ信仰とは聴従なのである。人間は神に向かう存在であって、決して人間にかたどった神の像を造ってはならない。これでは偶像となってしまう。それゆえモーセの十戒の第二戒にあるように神像の制作は厳に禁止された。さらに創世記二章七節に神から人に「命の息（霊）」が吹き込まれると、人は生きるものとなったとあるのも、これと関係がある。なぜなら人は絶えず生命の源である神に立ち向かい、その意志にしたがって自己を形成すべき使命をもっているからである。このような「我と汝」の関係を通して形成される人格関係は宇宙における人間の位置を決定する。このような人格関係により応答的責任ある存在となった人間は、神によって世界を統治すべく命ぜられている。それゆえ世界に対する統治の責任は人間が神に対して果たすべき責任でもある。ここに人間は神と世界との間に立つ存在であることが判明する。

だから人間に具わっている優れた特性、つまり理性や自由また道徳感覚といった優れた特質も、それこそ「人間の尊厳」を示すものであるが、それ自身に意味があるのではなくて、創造における神の賜物である神との関係にもとづいて意味を得てくる。だから自意識をもち、自己決定できるのも、それ自身で意味があるのではなく、神の呼びかけに応えて応答するためである。この能力のゆえに世界に対する支配も神の像の機能として理解することができる。この世界を支配すべく主権を委託されているのは、創造に対する神の配慮を世界に対し真に反映させる責任を授けられていることを意味する。

ここからして罪の本性も理解される。この点に関してジェイコブは次のように主張している。「神の像というのは人間にとって自分が代理となっている者との関係および依存である。神のようになることを願望することは蛇の示唆する誘惑であるが、それは像の役割を放棄することを願うことであり、旧約聖書はこうした行動によって大抵の場合人が品位をおとし、動物のレベルにまで転落することを示す。……像に留まるためには神との関係を続けなければならない。彼は自分が遣わされた使者にすぎず、その被造物に対する支配はこの関係がいっそう現実味を増すことに比例して効果的になるであろうことを覚えておかねばならない(11)」と。神との親しい関係から離れて神に反逆するとき、人は罪を犯し、代理の役割にとどまることを拒否したことになる。堕罪に関してフォン・ラートは次のように述べている。「人は依存の状態の外に歩みだし、服従を拒絶し、自分自身を独立させようと欲した。その生活の指導的な原理はもはや服従ではなく、自律的な知と意志であり、自分を被造物として理解することを本当にやめている」[12]。しかし旧約聖書では人間は罪の結果、神の像を喪失したとは述べられていない（創五・三と九・六および一コリ一一・七を参照）。

このように「神の像」と「人間の尊厳」とは異質なものであるが、ヨーロッパの思想史ではときに総合的に把握されてきた[13]。人間自身に価値を置く「人間の尊厳」という思想はギリシアのヒューマニズムとして高く評価されて来たが、キリスト教人間学は旧約聖書以来人間を神に応答する「神の像」として捉えている。両者は似ているが実際には相違していることを理解することは重要であると思われる。

2　性善説と性悪説（良心概念の検討）

キリスト教人間学の次の課題は、人間性一般をどのように理解すべきかという問題である。これは一般的には性善説と性悪説との対比で論じられる。東洋思想では前者の代表が孟子であり、後者のそれは荀子である。孟子は人間の性が善であることを、良心と良能を通して明らかにした[14]。そこで良心概念を取り上げてみると、その理解は聖書とギリシア・ローマ思想、とりわけキケロとは相当に隔たっていることがわかる。それゆえキケロと聖書における良心概念を比較することによって、人間性を理解する対立点を把握し、キリスト教人間学が性善説と性悪説に対していかなる態度を表明すべきかを検討してみたい。

（1）キケロの良心論

良心概念は人間の自己意識が深まり、内面性の自覚が起こるとともに学説となって登場してきた。ギリシア悲劇に見られる個人的な運命と負い目の意識、あるいは後期ユダヤ教における神の前での個人的な責任意識が内面性を準備し、それによって良心概念が成立した。とくに古代の末期に近づくとポリスの崩壊によって社会変動が激しくなり、集団的意識にもとづく社会存在における安定した自分の姿が消え、民族、国家、帝国を超えて自己自身に向かう内面性が確立されると、良心学説が出現するに至ると言えよう。

ストア派の哲学は、古代末期のアカデメイア派が知識に疑いの目を向け懐疑論を主張したのに対し、自己の内面性に立って道徳的価値の絶対性を弁護し、国法に優る自然法を神が創始し、それによって審判すると説いた。したがってこの法に従わない者は良心の告発によって罰を受けるとも説かれた。またストア派においては良心と理性とが同一視された。

この点をキケロ（前一〇六―四三年）を通して考えてみよう。良心はキケロにとって道徳的意識であり、良心に聴き従うことが道徳上の指針となっている。「わたしの良心は自分にとってすべての人のおしゃべりに優るものである」[15]。したがって「全生涯を通じてだれも正しい良心から決してはずれ、迷い出てはならない」[16]と勧告される。良心はこのように理性と同じく道徳の指導者であるが、その根底においては法によって裁く力である。彼は言う、「裁判官諸君、良心の力は偉大である。しかも次次の両面で偉大である。すなわち、罪を犯さなかった人たちはすこしも恐れないし、また罪を犯した人たちは罰がいつも眼前にちらついているように想う[17]」と。つまり良心は違法行為に対して罰せられたという「やましさ」の意識であり、人はそれによって苦しめられる。「不正を受けた人ではなく、不正を行った人の中に犯罪と良心の罰が残っている[18]」。したがって良心が罰せられたと意識するのは、良心が法に従って審判する力であることを示す。こうして良心は裁くのみならず、同時に罰せられたと意識する罪責感情となって現象する。「あるいは、よく生じる習わしであるように、良心があなたを臆病にし、猜疑的になしたのか[19]」とも語られる。ここでの良心の働きは罪責感情を生みだす根源となっている。同じ事態は次のようにも述べられる。「相手が赤面し、青くなり、どもったと告発者が主張しうるなら、それは良心のしるしである[20]」と。このような良心の苦痛は外面的には無罪と思われている人々においても内面における罪責意識と呵責を与えている。

ところでキケロにとって良心の導きに従う生活は気高く偉大である。なぜなら良心が行為の善を証する証人であるから。それは自然に内在するロゴス（ラティオ）にもとづく人格の核心でもある。この道徳の根源としての良心も現実には罪責感情をともなって苦痛ややましさとなって現象する。このように良心は善をすすめ悪をしりぞける道徳意識の根源ではあるが、現実には個人の行動とともに「やましさ」として現われているところに、単なる一般的道徳意識とは相違していることが示される。

（2）聖書の良心論

共観福音書、ヨハネによる福音書、およびヨハネ文書にはギリシア語のシュンエイデーシス（良心）は全く使われていないが、パウロでは二〇回、使徒言行録におけるパウロに関係する箇所で二回、ヘブライ人への手紙で五回、ペトロの手紙で三回用いられた。この良心概念はキケロがその代表であるストア派から採用されたと考えてよいであろう。したがって道徳的意識として良心は一般的意味でもって受容されている。だがパウロ書簡やヘブライ人への手紙では全く独立した意味が加えられている点が重要である。パウロの場合には良心がヘレニズム時代の語法のように過去における罪過のみに向かうのではなく、将来の行為の意図を吟味するためにも使用され、さまざまな形で忠告する良心が展開する。さらに神との人格的関係が良心によって表明されるようになり、「神の前」での自己省察が行なわれ、良心の観点から宗教的習俗や道徳の問題が考察されるようになった。全体を分類すると以下の六つの用法に分けられる。

⑴神の言葉や戒めを表わす律法の内容が律法をもたない異邦人の心にもあることが良心によって示される。異邦人について「人々は、律法の要求する事柄がその心に記されていることを示しています。彼らの良心もこれを証ししており、また心の思いも、互いに責めたり弁明し合って、同じことを示しています」（ロマ二・一五）と言われる。ここでの「律法の要求」とは、律法のわざや戒めの内容を言い、心にしるされた書かれざる法としての自然法を指している。この自然法の存在を良心が証言しているが、それはこの法に従って「告発」や「弁明」が良心によって生じるからである。

⑵神の前に立っての自己省察は良心をして自己超越的に神に向かわせる。わたしたちがたとえ道徳的に正しく、良心においてやましくなくとも、道徳的良心をもって神の前に立つことはできない。

「自分には、何もやましいところはないが、それでわたしが義とされているわけではありません。わたしを裁くのは主なのです」(一コリ四・四)。ここでは良心は道徳的な意味で用いられ、神の前に正しいと認められるのは良心ではなく、良心を超えて審判をもって良心にのぞむ神であると説かれる。

(3)良心は自己の真実性を証言する。ローマの信徒への手紙九章一節、コリントの信徒への手紙二、一章一二節、使徒言行録二三章一節、二四章一六節にこの「証言する良心」が使われている。ローマの修辞家クィンティリアヌスの言葉「良心は千の証人である」(conscientia mille testes)にこの良心の証言が端的に表明されている。

(4)他者の良心にパウロは自分が真実なことを訴えている(二コリ四・二、五・一一)。

(5)社会的権威に良心は服し、社会の習俗や集団の規定に拘束される場合がある。パウロは国家社会の法や習慣に良心が拘束されていることを知っている。その場合、彼は「弱い良心」に対する配慮を説いた(ロマ一三・五、一コリ八・七—一三、一〇・二五—二九)。

(6)指図と警告が良心に対してなされる。よく引用される聖句をあげておこう。「わたしのこの命令は、清い心と正しい良心と純真な信仰とから生じる愛を目指すものです」(一テモ一・五)。そのほかにテモテへの手紙一、一章一八節以下、三章九節、四章二節、テモテへの手紙二、一章三節、テトスへの手紙一章一五節がある。

パウロにおいて良心の宗教的特質はいまだ十分には示されていないが、神の前に向かう傾向が認められる。そして主として倫理的意味で良心は用いられており、社会的習俗の領域でも良心概念が使用された。

ところがヘブライ人への手紙になると、良心概念はキリスト教的な救済経験と深くかかわるものとして用いられる。それは五回使用されていて次のような特質を示している。

⑴宗教的儀式によっては良心は救われない。「供え物といけにえが献げられても、礼拝をする者の良心を完全にすることができない」（ヘブ九・九）と説かれる。

⑵律法によって「罪の自覚」が生じ、律法によって宗教的儀式の規定が定められているが、この儀式によって神の前に近づいても、目的を実現することはない。律法の定める儀式によっては罪は清められず、律法によって「罪の自覚」が生じるにすぎない（ヘブ一〇・二）。この「自覚」と訳された言葉はシュンエイデーシスであり、罪責意識を意味する。

⑶キリストの血による良心の清めがなければならない。このことが二回にわたって強調される。「もし、雄山羊と雄牛の血、また雌牛の灰が、汚れた者たちに振りかけられて、彼らを聖なる者とし、その身を聖めるならば、まして、永遠の〝霊〟によって、御自身をきずのないものとして神に献げられたキリストの血は、わたしたちの良心を死んだ業から清めて、生ける神を礼拝するようにさせないでしょうか」（ヘブ九・一三―一四）。同じことが幕屋の構造をとおしてもう一度次のように語られている。「それで、兄弟たち、わたしたちは、イエスの血によって聖所に入れると確信しています。イエスは、垂れ幕、つまり、御自分の肉を通って、新しい生きた道をわたしたちのために開いてくださったのです。更に、わたしたちには神の家を支配する偉大な祭司がおられるのですから、心は清められて、良心のとがめがなくなり、体は清い水で洗われています」（ヘブ一〇・一九―二二）。

ここに「良心のとがめ」とあるのは「やましい良心」のことで、病原体が血清によって駆逐されて健康体に回復されるように、罪に染まった心にイエスの血が注入されると良心のやましさが取り除かれる。これが贖罪である。このようにキリスト教の救済論の中心に良心が位置するようになり、良心概念に宗教性が加えられるようになった。

(4)やましくない良心から道徳が良心の倫理として語られる。「わたしたちは、明らかな良心を持っていると確信しており、すべてのことにおいて、立派にふるまいたいと思っています」(ヘブ一三・一八)。

このようにヘブライ人への手紙で、良心がキリスト教の贖罪論と結びついたことは、パウロにおいて道徳的意識を主として意味していた倫理性に宗教性を加えたことになり、キリスト教の罪責思想が良心概念のうちに反映するようになった。

このような比較によって聖書は性善説に立つキケロから良心概念について学びながらも、同時にそれに「罪とその救い」という宗教的な意味を追加し、それを深化させていることが判明する。そこから良心において罪とその救いがキリスト教によって強調されるようになったことが明らかに知られる。ここからキリスト教が性善説にも性悪説にも同意しないで、人間性が神によって本来「性善」として造られたのに、罪によって「性悪」となり、キリストの贖罪によって救われて再生すると説いていることがわかる。この点をもっとも明瞭に説いているのが既述したアウグスティヌスの「人間学的三段階説」であり、良心を人格の「中核」として捉えてキリスト教人間学を確立したのはルターであった。

3　対話と応答的人間

キリスト教人間学は人間を「対話する人」として捉えている点に最大の特徴があると言えよう。旧新約聖書において神が語り、人が聞くということが土台となって人間が捉えられているからである。しかしギリシア悲劇においても、プラトン哲学においても対話の形式が採用されており、対話の重要性が認められているのではないか、と反論されるであろう。そこでまず対話の内実と現状を顧みて調べてみよう。

わたしたちがあらかじめ注意すべきことは、モノローグ（独白）と対話とは外観だけでは区別しにくい場合が多いということである。つまり外観は対話でなくても、対話的生の交流が活発であったり、その反対に外観は対話でも、モノローグに終始するものがあったりする。したがってユダヤ人の哲学者ブーバーは『対話』という著作のなかで三種類の対話について論じ、対話的人間とモノローグ的人間を区別する。

私は三つの種類の対話を知っている。真の対話、ここではその担い手がそれぞれに、ひとり、あるいは複数の相手の現存在と存在相とを如実に思念し、相手と自分のあいだに生きた相互性がうち立てられることを志向しつつ、相手に向かいあう。次には、実務的な対話、ここではもっぱら、即物的な了解の必要から話が交される。そして第三には対話的に偽装されている独白、ここでは同じ場所につどっている二人あるいはそれ以上の人間が、奇妙に曲りくねった道をとってそれぞれ自分自身を相手として語りながら、しかも、自分自身をしか相手としていないという苦痛から遠ざかっているように錯覚する。[21]

第一の「真の対話」では相互性が実現している。第二の「実務的対話」は現代生活の不可欠の核質をなすものであって、この中でも真の対話は隠れている。第三の「偽装された対話」は「顔なき対話の虚像」とも呼ばれ、たとえば自分の考えが鋭利に的中するように語る論争、自分の話から相手の受けた印象を読みとり自信をつけたい欲求から生まれる会話、自己の優越性に立って他者を相対視する友好的談話、自分の悦楽と甘い体験を享受する愛の語らいなどがあげられる。このように述べてからブーバーは「対話的な生とは、ひとびととの多くの関わりをもつ生ではなくて、関わりのあるひとびとと真実に関わりあう生である。孤独な人間を独白的に生きている者と呼んではならない。独白的に生きている者とは、自分が運命的にいとなんでいる他者との交わりを、自分の存在の真実によって実現する能力のない人間のことなのである[22]」と。

聖書ではイエスの行動は人々との「真の対話」から成り立っている。それは第Ⅱ章で引用した「悪霊に取りつかれた人」の物語や「サマリアの女」の物語を見ても明らかである。だが一見すると対話とは思われないものでも、実は対話から成り立っている場合もある。たとえば倫理的な教えが集められている山上の説教を考えてみよう。その中でも有名な言葉「心の貧しい人々は幸いである、天国はその人たちのものである」（マタ五・三）という教えは、文字どおりにとれば、貧困が幸いであるなどナンセンスに思われる。確かにイエスと人々との間で交わされた対話の状況を捨象すると、彼の言葉はその意義を失ってしまう。ところが貧しい者の幸いについての言葉はルカによる福音書にもあり、「貧しい人々は、幸いである」（ルカ六・二〇）とあって、二人称の呼びかけの形式と文章が短いところからマタイよりも前段階のテキストであることがわかる。そこで「あなたがた」と語っているイエスの「わたし」について、イエスがどのように自己証言をしているかを調べてみると、この「わたし」は神の約束を実現するため遣わされた者であることが述べられている（マタ五・一七以下）。それゆえ、はじめに「幸いである」と語られた言葉は、貧しい者や苦しむ者への救い主として語っている者自身が関与していることが知られる。したがって、この言葉にはそれを語っているイエスが先行しており、イエスとの交わりから生じる生活の有様が後置文だけ切り離された形で述べられていることが明らかとなる。イエスの言葉は対話的状況のなかで語られたが、土台となっているこの状況が失われると、彼の言葉だけが教説として残る。このように見てくると、理性的には不可解な多くの言葉も正しい理解にもたらされる。そこには対話の中での真理、つまり人と人との間に生きている人格的真理が関わりの相互性のなかで明らかに示される。

次に第三の「偽装された対話」について考えてみよう。それに先だって演劇と対話について考えてみたい。まず両者とも日常会話を土台としており、ある特定の主題を追求している。しかし両者のあいだには根本的相違がある。「演劇」は作者がみずから捉えた人生観または洞察によって構成される筋道に沿って主題を対話的に展開させる。劇中の対話はこの筋にそっており、筋のために創作される。

これに反し「対話」においては参加者の同意によって主題がそのつど任意に設定され、どんな筋道を通ってこの主題が展開されるのか最初は見当もつかず、手さぐりの状態で進められる。つまり演劇では筋から対話がつくられるが、対話では対話から筋が生まれてくる。だから両者では方向が逆になっている。演劇は日常生活の知られざる暗黒面を一つの主題のもとに意図的にあらわにし、作家が捉えた人生を土台に創作される。他方、対話は日常生活にとどまりながら対話の営みによって現実に光を与え、いっそう明晰度の増した認識に達しようとする。

古代ギリシアにおいて演劇と対話は大いに発達して、ソポクレスとソクラテスのような人物の出現をみた。ソクラテス以後、対話は発展をみることなく、対話形式はわかりやすく説明するための手段として用いられたにすぎない。したがってプラトンの初期の作品にはソクラテスの対話する姿が生き生きと描かれるが、中期以後は『ゴルギアス』や『国家』第一巻などを除くと、長広舌に一方的に語る者とただ短く答えるだけの者から対話が構成されるようになる。プラトンはソクラテスに出会う前には劇作家となることを志していたが、後期になると劇作家としての傾向が露呈されてきたとしか考えられない。そこには哲学者プラトンによる「創作された対話」が看取されるのではなかろうか。

だが問題の「偽装された対話」はもっと深刻である。孤独を愛する人でもだれかと対話したいと欲する。そこで対話を試みるのであるが、自分の主体的自覚が強すぎて、他者と交流できないでいるのに、対話していると錯覚する。これが外面は対話を装ってはいても真実には他者と交流していない偽装された対話の姿である。そこで対話の本性を考察してみたい。するとそこには次に挙げるような二つの重要な要素が不可欠であるように思われる。

(1)対話とは相手に「あなた」と呼びかけて話す形式であって、二人称から成っている。この点はマルティン・ブーバーの名著『我と汝』によって初めて指摘された。彼は人間が世界に対して語りかける態度のなかに二つの根本的な対立を見ている。それは「あなた」と「それ」の対立であって、「あなた」関係の中で、つまり「あなた」と語って呼びかけることによって開かれてくる相互的な関係の中で、「対話」は実現する。それは人間を含めてあらゆる実在を「それ」として非人格的に扱う場合から区別される。[23]

(2)対話とは一方的に語るのではなく、相手の言うことに耳を傾ける姿勢が先行していなければならない。しかも対話する二人は対等関係にあることが望ましい。そうでなくエッカーマンのような凡庸な相手だと、ゲーテは長広舌となってしまう。そうすると形式は対話でも、中身は「モノローグ」とならざるを得ない。

キリスト教人間学ではリチャード・ニーバーが既述のように対話する人を「応答的人間」とみなし、この人間の特徴を「責任性」のシンボルで捉え、応答的人間は対話に従事している人間であって、自己に対する他者の行為に応じて適切に行為する責任を負う人であると説いた。[24] ここからわたしたちは「対話」概念をさらに広く人間に適用すべきであろう。とりわけ個人的な主観性を強調してきた近代の人間観が、その自己主張のゆえにモノローグとなり挫折した現在、この課題の意義は大きいのではなかろうか。というのも人間の本来の姿は「人間と共にある人間」であって、単なる主観性に立つ観念的な自己とは異なっているからである。つまり対話の領域は「あなた」と語ることによって呼び開かれる人格的な関係の世界であって、それは人と人との間に生起するがゆえに、その世界は人と人との「間」の領域であって、「間柄」や「仲間」の世界を創出し、相互性によって生きる意味の充実がもたらされる創造的世界でもある。この世界に生きることによってわたしたちは、自己を単なる自然的な人間、つまり自我を超えて人格にまで成長し、責任をもって世界を担うことができるようになる。

さらにわたしたちは対話的な関係の相互性を人格を超えて拡張し、事物的な経験の世界にも適用しなければならない。それによって事物の世界も相互性の原理によって生かされ、事物的な対象を主観からの一方的な理解を超えて真にあるべき姿で捉えることができる。つまり、わたしが対象に関わってそれを捉える仕方は、対象がそれ自身の生ける姿を示す仕方に調子を合わせ、対象が自己を啓示するがままに受け取ることができる。これこそ科学的な悟性認識を超える真の認識をわたしたちにもたらすであろう。ここで人間は対象との生ける相補的な関係に立ち、関係する主体と客体はその関係を交互的に交代することができる。対話はこのような認識をわたしたちにもたらすであろう。それればかりか、対話には対立・緊張・批判が前提され、自己と矛盾しないような「あなた」は真の意味では「あなた」たり得ないと考えるべきである。こうして対話の関係が「敵対」関係にまで拡大されていくことになろう。そうすると対話によってそれを克服すると、平和がわたしたちの間に実現するであろう。こうして「実に、神の国はあなたがたの間にあるのだ」（ルカ一七・二一、傍点筆者）とのイエスのメッセージは実現するであろう。それゆえわたしたちの間に平和を実現するという大きな課題こそ、キリスト教人間学が果たすべき任務となるであろう。

4　人間と人格の区別

　したがってキリスト教人間学が問題にする「人間」は、生まれながらの自然的な人間ではなく、人間がある段階まで成熟して到達する「人格」である。自然的な人間は生物学や医学といった人間科学が対象とする人間であって、悟性的な科学的な認識によって研究される。それに対し「人格」としての人間は、科学によっては解明できないものであり、科学的な対象となり得ない非対象的な存在であって、それは何かを遂行している「作用」としてのみ現象しており、わたしたちはそれを邂逅と対話を通して理解することができる。

　それゆえ人格は一般的には「人柄」や「人となり」を指していても、「作用」として現象する点は、それがもと「ペルソナ」(persona) という原語が示すように、俳優が演技している、つまり作用しているときに顔につけた「仮面」を意味したことからも判明する。さらにそれはキリスト教では三位一体の間の「関係」を表わす「位格」として用いられた。また近代の倫理学では役割を演じる道徳的な行為者を意味し、カントでは道徳法則を担う実践理性の主体を言い表わすようになった。

　そのさい人格は、また「人格性」(Persönlichkeit) という人間の基本的価値や尊厳を示すものとして、すべての人に認められるようになった。しかし後述するように人格は同時に他者との交わりの中で独自性と個性とを発揮しうると考えられる。カントは「人格性」を担っている個々の人格にもとづいて人格主義を主張し、「人格」と「物件」（もの）との基本的相違を指摘した。つまり物件は他のものの手段となりうるもので、価格がつけられるが、人格の方はそれ自身で尊厳や品位をもっているから目的となっても手段とはならない。ここから人格主義の命法として、「あなたは人間性を、あなたの人格においても、他人の人格においても、常に同時に目的として扱い、単に手段として扱わないように行為せよ[25]」と主張した。この人格主義は人間の尊厳に立つヒューマニズムの精神を表明しており、人格性はすべての人に平等にあると説かれた。

ところが人間は他者との邂逅と対話を通して、次第に成熟していくことが考慮されなければならない。たとえば生物学者ボイデンディークは邂逅こそ「本来的な人間性」を認識させる点を力説する。なぜなら人間の隠されている可能性は邂逅において諸状況に直面し、自己をそこに意義あるものとして投入し、自己の洞察にしたがって状況を造りかえ、人間としてのもっとも優れたあり方に達するからである[26]。とくに人間的な出会いは相互的であり、この相互性こそ出会いを可能にする条件である。したがって、わたしたちは相互性からなる対話の中での触れ合い、つまり互いに交わす見つめ合い、身振り、微笑み、語らいの中で問いかつ答える応答によって成熟し、人格にまで育成される。

こうして他者の姿がさまざまな形を通して出会われ、対話の中から人格が成熟してゆく過程を考えてみよう。このことに関してブーバーは言う、「人間はあなたとの関わりにおいてわたしとなる[27]」(Der Mensch wird am Du zum Ich.) と。邂逅の中で「あなた」がいろいろと姿を変え、交代して流れてゆく歩みのなかで、この「あなた」の傍らにつねに変わらず伴っているもの、つまり「わたし」が意識されてくる。したがって人間は「わたし」を自覚する前に「あなた」を語っている。確かに「あなた」との対話的関わりの中で初めて「わたし」が語られ、自覚されるようになる。このような関わりの中で人間らしい、人間としての「人格」が育ってくる。

福音書の中で人々はイエスと出会っているが、イエスは他者を人格とみなし対話的に関わっている。たとえば「サマリアの女」との出会いを考えてみよう。サマリア人の女は、町にも泉があるのに、町から遠く離れた、しかも「井戸は深い」（ヨハ四・一一）とあるように、水を汲みだすことが困難であった井戸になぜ現われたのか。彼女は実は不品行のゆえに評判のよくない女であったから人々を避けていた。それでもイエスがこの女に水を請うたところを見ると、彼が伝統的な儀式や習俗によって定められた社会的因襲から全く自由になっているばかりか、評判のよくない女をも人間として人格的に扱ったのである。それを見て、彼女は二重の意味で驚嘆してしまった。このようにイエスは他者と人格的に関わっているばかりか、他者を人格となしている。したがってわたしたちがイエスに倣って社会的に不幸なレッテルを貼られた人間をも人格として扱うことをキリスト教人間学は求めている。

このように他者関係の中で人が人格となっていく場合には、先にカントによって説かれた単独の個人として価値を担っている人格ではなく、相互的に関係し合う「間—人格性」に立つ人格が生まれていると言えよう。マックス・シェーラーが初めて、この人格を正確に把握することに成功している。彼は次のように言う。

精神とはそれ自体で対象となりえない唯一の存在であり、まったく純然たる作用性であって、自己の作用の自由な遂行においてのみ自己の存在を得ている。この精神の中心である「人格」は対象的存在でも事物的存在でもなく、絶えず自己自身を遂行している（本質的に規定された）諸作用の構造秩序にほかならない。(28)

したがって人格にはさまざまな行動を一つに束ねる「心情の基本線」があり、この束ねられたものが引用文では「諸作用の構造秩序」と呼ばれる。またこの人格の理解は、ともに行動し、他者の人格に関与する行為である「存在参与」によって初めて理解されてくる。さらに彼は「人格概念が適用されるのは人間的実在の特定の段階において初めて可能なのである」とも言う。たとえば人間が魂をもち、自我の意識が認められても、いまだ人格とは言えない。と言うのは、魂をもち、我性もある動物を、わたしたちは人格とは言わないからである。人格の本質が明らかになるのは、人間一般ではなく、ある段階にまで成熟した人間においてなのである。それはどのような人間であろうか。彼によると人格の成立の第一条件は「たとえば狂気に対立する健全性」である。自分の考えに閉じこもって一方的にそれを他者に押しつけるのは狂気に近い。それに反し健全な人は他者を外面的に観察して推測し、因果的に説明するのではなく、他者の精神的中心から発している生の表現や行為を追体験し、内側から理解する。次には「成年性の根本現象」が人格成立の第二条件である。つまり人は自己と他者とを同一視する未成年を脱して、初めて人格となる。そのさい、「自己の作用や意欲や感情や思惟と他人のそれとの間の相違性の洞察を体験しうること」が必須の条件となっている。第三に、それに加えて人格は「また自己の身体の支配が直接的に内部に現象して来ており、自己自身を直接的に自己の身体の主人として感知し知り体験している人間に属する」と言われている。つまり、自己の身体の意識と

自己とを同一視している人はいまだ人格ではなく、それをも「私の身体」として自己に所属させている人が人格である。(29)

人格の成立についてのこのような条件は人間生活にとってきわめて重要である。これらの条件はすべて自己に対する距離と他者の異他性の認識にもとづいて成り立っている。これが成熟した人格の特性であって、自我のみを独占的に主張するエゴイズムとは区別される。こうして人間が成熟して人格となることによって初めて、わたしたちは社会生活を十全に営むことができる。

それに対しカントが強調した個人的な人格性は尊厳をもっており、すべて人に妥当する普遍性があっても、他でもないこの普遍性のゆえにかえって抽象的となってしまう。それに対し具体的人格は抽象的なものではなく、個性的なものであり、各人の個性のなかに、特定の役割を分担し、相互的間柄に立つ「間―人格性」(inter-personality) に求められなければならない。というのも人格者とは無為の閑人ではなく、愛において積極的に他者に働きかけ、奉仕する者を言うからである。

さて個性はすべて独自性をもっている。実際、独自な個性的存在にして初めて、他者と積極的かつ具体的に関わることができる。自然は人が共通にもっている自然の賜物たる才能を一様化しないで、多様な所与性を与えるほうを選んでおり、所与の才能の多様性によって人間の個性化が促進される。それゆえ自己の才能の特殊性をわたしたちは正しく認識し、個性を磨くようにすべきである。個性はきわ立った性格を各人にきざみつける。そのため特殊な役割を分担することを可能にし、多様性によって相互的な共同性を実現させる。あたかも歯車の凹凸のように、相互にかみ合う共同関係は個性において成立しており、個性的であるがゆえに他の個性と協力し合い、そこから共同性や社会性が成立する。こういう相互に質的差異をもった人格の共同こそ、間柄関係を担う倫理的主体を生みだすのである。シェーラーはこのような社会的な責任を負う人格を「総体人格」と呼び、さらに神との関係を担う宗教的な「秘奥人格」についても考察する。この最後のものはキリスト教の霊性にあたる。

5　罪とその救い

キリスト教人間学が歴史において積極的に取り上げてきた主題は「罪とその救い」であったし、今日においてもこの主題は継続して追求されなければならない。もちろん罪と言っても、問題なのは個別的に犯される罪ではなく、実は人間の存在に深く染みついている罪性としての原罪なのである。それは一般的には最初の人アダムまで遡って考察され、原罪による「神の像」の毀損として論じられる。

（1）原罪とは何か

この点を最初に問題としたのはアウグスティヌスであるから、わたしたちは第Ⅲ章で論じた「人間学の三段階説」を再度取り上げて考察してみたい。三段階説は人間の創造・堕罪・救済という三つの段階における人間の状態を示すものである。その段階は次のようである。

(1)無垢の状態＝「罪を犯さないことができる」(posse non peccare)

(2)罪の奴隷状態＝「罪を犯さざるを得ない」(non posse non peccare)
(3)キリストによる新生＝「罪を犯すことができない」(non posse peccare)

この中でアダムの罪の結果が原罪となってその後の人類に波及したことが聖書で物語られており、それをどう理解するかが問題となった[30]。アウグスティヌスによると高慢の罪によって人間は被造物としての分限にとどまらず、神の秩序に違反してしまう。そのため罪の結果である神の罰を身に負うことになった。これは罪の報いである。すなわち神から離反することによって、魂は生命の源から断たれ、死の性《さが》を身に負うことになった。「アダムが罪を犯したとき、生命の樹から遠ざけられ、……時間に引き渡され、年老いて終わりを迎えるように定められたのである[31]」。

こうした罪の結果は人類の全体に波及し、原罪として重くのしかかっていった。「最初に罪を犯した人間たちに罰として加わったものが、あとに生まれる者のうちで本性となって働くのである[32]」。したがって死と本性の壊敗（たとえば死に至る存在、理性の無知と意志の無力など）が、原罪としてアダムの子孫に伝わっていく。そのさい、原罪を伝播する働きが情欲や邪欲にあるとアウグスティヌスは考え、情欲のうちに人間の不幸の全体が現象していると説いた。この原罪の支配下にある人間の根本的あり方は、罪の奴隷状態（「罪を犯さざるを得ない」）として規定された。この状態では自由意志はあっても、罪を犯すように拘束された状態にある。

アウグスティヌスは堕罪におけるもっとも重大な損失は、単に始原の状態の喪失ではなく、神から離れた意志の背反であり、このため人は神が欲し命じるものを、何も欲しがらず行ないもしなくなる。したがって罪とはこの意志の背反にほかならない。ではどうしてこのような背反と罪が起こったのであろうか。聖書はそれはサタンによって起こったと言う。したがって「原罪の発端は悪魔の試練であった[33]」とルターも言う。つまりサタンは神によって造られたよい意志そのものを攻撃して、アダムに疑いをもたせ、不信仰へ誘惑する。「それゆえサタンは破壊されていない本性であった神の像自体と最高の能力を攻撃する[34]」とも語られる。ルターはサタンが神の像を破壊したのであり、とりわけ信仰している意志に集中攻撃を加え、「サタンは人間の最高の能力を攻撃し、神の似姿そのもの、したがって神を正しく信じている意志に戦いを挑んでいる[35]」と言う。「神の像」というのは人間が神にかたどって造られた関係、したがって神が語り、人が聞くという神と人との基本的な関係を意味し、サタンはこの関係の中に侵入し、神を模倣してこの関係を破壊することに着手する。神の言葉と人間の信仰は応答する「対《つい》」の関係にある。だが神の言葉がサタンの誘惑の言葉によって疑われ、取り去られるところから、意志と理性の損傷がはじまる。つまり理性が神の言葉への信仰から離れて、より賢くなろうとすることから原罪は生じた。

（2）罪からの救い

ではこのような罪からの救いはどのように実現するのであろうか。キリスト教はキリストを第二のアダムと見なして最初の人アダムの罪からの救いを説くが、この点をキリスト自身の譬え話を通して考えてみよう。

その譬え話というのはルカによる福音書一五章にある有名な「放蕩息子」の物語であって、マタイによる福音書一五章の「二人の息子」の物語とよく似ていることから、二人の兄弟のどちらのことを物語っているかが論じられたりした。しかし、この物語は「譬え話」であって、息子たちのことを物語っているのではなく、父の愛について語っていると思われる。その愛は「この息子は、死んでいたのに生き返り、いなくなっていたのに見つかった」（ルカ一五・二四）からこそ語られたのである。するとそれは「死んでいたのに生き返った」と語られる「死と生」の物語と「いなくなっていたのに見つかった」という「喪失と発見」の物語であることになる。

それではこの「放蕩息子」の物語には「罪」についてどのように語られているのか。彼は放蕩三昧に耽って食べ物がなくなったとき、「そこで彼は我に返って言った。〈父のところでは、あんなに大勢の雇い人に、有り余るほどパンがあるのに、わたしはここで飢えて死にしそうだ。ここをたち、父のところに行って言おう。『お父さん、わたしは天に対しても、またお父さんに対しても罪を犯しました〉と」（ルカ一五・一七―一八）と語った。この引用で最初に語られたように、彼は「我に返って」罪の告白をした。それは「我に立ち帰る」ことであり、「悔い改める」ことを言う。そのさい、この「我」は「自分自身」の意味である。だが、この「我」や「自分自身」について語られているのは、餓死しそうになって嫌悪すべき豚が食べるもので飢えをしのいでいる惨めな姿だけである。ところでこの破綻した者の「我」は「自分自身」の意味であるから、彼の内心を指しており、数々の失敗や裏切りによって恥や後悔の念に満たされた心の状態を指している。それも飢餓に迫られて初めて自分の失敗に気づくほどに、彼は精神的にはきわめて未熟であった。このような者でも、その内心の奥底には何かが働いており、これまでの行いを父に対する背反として捉えさせたのではなかろうか。

（3）応答愛としての信仰

犯した罪を反省するのは良心の作用であるが、罪を失敗として感じるかぎり、『罪と罰』の主人公ラスコーリニコフのように真の悔い改めには至らない。それゆえ放蕩息子の場合には息子が父のことを想起し、その言葉を聞いて父の愛を受容する能力である信仰が覚醒されなければ、何ら展開が起こりようがない。ところがこの息子は「大勢の雇い人と有り余るほどのパン」が父のもとにあると言う。想起したのは「雇い人とパン」であって父の愛ではなかったのだ。ましてや父の言葉を聞いてその愛を受容する心などもっていなかった。それなのに父のほうは息子の帰還を待望し、遠くからその姿を認めて駆け寄ってきたのである。「父親は息子を見つけて、憐れに思い、走り寄って首を抱き、接吻した」（ルカ一五・二〇）。この父の愛に接して初めて彼は父の本当の姿を捉え、その愛を理解し、父を子として受け入れたのである。そこに愛を受容する信仰の働きが起こっている。信仰とはこのような人格的な受容作用にほかならない。

したがって人間の内なる心は他者から愛される具体的で現実的な経験を通して初めて、頑なな心から抜けだし、自己に対する他者の愛にめざめ、それに感謝しながらその愛を受容するようになる。実に人格的な愛には、愛されると愛し返すという応答愛が起こる。それまでは無関心で、冷酷で、死んでいたような心も、愛されることによって生気を吹き返して甦ることが起こる。それゆえ放蕩息子の物語は神の愛に気づくことで生き返った人に起こる信仰の物語であって、そこには父なる神の大きな愛が初めから終わりまで働いていたことが知られる。

かつてシェーラーは「救済行為の愛は、貧しい者、病める者の中にある積極的なものを実現し展開させるのである。病める者や貧しい者の病や貧困が愛されるのではなく、それらの背後にある隠されたものが、それらの病や貧困から救助されるのである」[36]と語った。ここでの救済行為の愛というのは、人格的な愛を指している。確かにアガペーとしての神の愛は、価値ある存在に注がれるのではなく、むしろ無価値な者、放蕩に身をやつしている者に注がれるが、それでも彼らの無なる様が神の愛を起こすのではなく、神の愛が彼らの内心とその内奥にそそがれており、悲惨と貧困から彼ら自身を救いだすのである。この意味では父の愛は律法主義の兄に対しても注がれており、偏狭で頑なな冷たい心から救われるように願っている。父の愛は息子らの内心に向けられ応答愛を引き出そうとする。

このように人が救われるのはもっぱら神の愛によることがキリスト自身によって示されている。これを神と人との関係で言い表せば、神が授け人が受ける、授受の関係が基本となっており、そこには神の愛を受ける人に大きな喜びが伴われる。信仰は人格的な信頼であって、神の愛を経験することによって高揚する。このように心情が高揚するのは、悲惨な人間に対し神が顧みる愛が前提となっている。ここに大いなる救いが実現し、心は感極まって小躍りする。しかしルカによる福音書は人間の側の信仰による受容よりも、父なる神の愛のわざを「大いなる喜び」として語る。この神の人間に対する愛に応答する作用が信仰にほかならない。

6　信仰のダイナミックス（感得・受容・合一・変容・超越・媒介）

わたしたちはまず初めに信仰が、(1)その信じる対象の側面と、(2)その信じる作用とから成っている点を指摘しておきたい。たとえば内村鑑三は既述のようにその主著『ロ－マ書の研究[37]』でこの点を(1)「教理」と(2)「霊的実験」とに分け、「教理の主張の半面に必ず生ける霊的実験が伴う」と言う。教理は「イエスがキリストである」という宣教内容を含む教えを指しており、それは歴史上ニカイヤ・カルケドン公会議によって定められたもので、一般には「使徒信条」として示される。この教義はその後の歴史においては変わらなく維持されている。ところで、この信仰の第一の側面は確定された教義として理性によってもある程度は伝達が可能であるのに対し、信仰の第二の側面は理性による理解を超えており、どうしても信仰の霊的な理解力によらざるを得ない。また教義はそれ自体変わらないとしても、信仰作用のほうは歴史の経過につれて絶えずその強調点を変えてきたと言えよう。そこに個々人の信仰の主体的な側面が各自の特性である「霊」によって豊かな歴史的な展開を見せている[38]。

ところで新約聖書とりわけ使徒パウロは、ローマの信徒への手紙八章において、この「霊」概念によってキリスト者の「信仰」の内実を語った。この信仰とはその霊によって神の霊を受容し、心の変容を受け、罪の状態から救いの状態に移ることを意味する。ここに「人間の霊」と「神の霊」つまり「聖霊」との交わりが説かれた。このように信仰は「霊」と置き換えて論じられることが多い。新約聖書の「霊」は信仰する人格の「中核」に相当するものであり、その後の歴史においては「心」「良心」「心情」としても語られ、内村では「心霊」が用いられていた。それらは人間精神の内奥の作用を明らかにしようとするとき使用されており、わたしたちはこの作用を一般に「霊性」と呼ぶことができる。そこでこの霊性の機能の中で認識機能である感得作用と受容作用について、さらに変容作用、超越作用、媒介作用について典型的事例に即して考察してみよう。

(1) 感得作用と受容作用

感得作用とは単なる外的な感覚を指すのではなく、心の奥深く感じとることを言う。それはパスカルが心情の直観について次のように語っているときに明瞭である。「われわれが真理を知るのは、理性によるだけでなく、また心情によってである。……それだから神から心情の直感によって宗教を与えられた者は、非常に幸福である[39]」。この心情の直観は宗教の真理を認識するさいに重要な働きをする。「神を直感するのは心であって、理性ではない。信仰とはそういうものなのだ。理性ではなく、心に感じられる神[40](Dieu sencible au coeur)」と言われているように、心情の直観は思惟(pensée)でありながら、神を愛する傾倒なのである。したがって心情の直観は「信仰の目」とも呼ばれる。このような心情はドイツ神秘主義者タウラーでは既述のように受容性を意味する「霊性」と同義であった。それゆえ信仰と同義の霊は神に対しへりくだって恩恵を受容する働きを発揮すると言えよう。

（2） 変容作用

信仰によって神の愛を受容した者は自分の生活を変容させる。洗礼を受けた人は古い生き方を捨てて、新しい生き方に転じる。そうした生活上の全面的な変化を伴うのが回心と言われる出来事である。神の愛によって罪人が義人と認められて無罪放免となるときでも、同時にこの改造が始まっている。それゆえ信仰義認を説いたルターでも、同時に聖化の開始を認めている。こうして彼は信仰が「生の転換」（mutare vitam）をもたらし、[41] 新生に至らせるが、信仰は恩恵への絶対信頼という純粋受動であり、同時に罪なる自己に死して罪を駆逐する活動であると考えた。このような信仰の二重の運動のゆえにキリスト者の存在は絶えざる生成のうちにある。彼は内的人間の形成過程をこのような信仰の内的構造もしくはダイナミックス（動態）から考察し、信仰とは受容しながら変容する「転換的主体化」という運動であると見なした。[42] だから内的人間は信仰においてキリストの中に神の恩恵を捉え、自己のものではない全く他なる義を受容し、自己変革を起こしながら自己を確立する。この信仰は御霊の働きの下で「神の御言とキリストを内的に形成する」。この意味で彼は「悔い改め」の真義が心の「転換」（メタノイア）であり、自己改造であることを主張してやまなかった。この信仰は彼の考えでは霊と同義である。それゆえキリストを「受容」することが人間を内的に変革させる「変容」となることを彼は説いた。

（3）超越作用

次に信仰の機能は内的な感得作用だけでなく、自己を超えて神に向かう運動である。つまり古い自己を超えて新しい自己となる自己超越である。その典型的な事例をアウグスティヌスの「内面性の命法」が示している。それは聖なる神へ向かって超越することをめざし、外的な感覚から自己の内面である「精神への超越」と精神を超える「神への超越」との二重の運動から成立する。まず、自己の内面への超越は「外に出ていこうとするな。あなた自身に帰れ。内的人間の内に真理は宿っている(43)」という言葉で示される。「外に」とは自己の面前に広がっている世界の全体である。世界の外的現象は感覚を通して知覚の対象となっている。だが感覚ほど人を欺くものはない。そこで感覚ではなく理性の作用によってこそ世界は正しく認識される。それゆえ理性の認識対象である真理が宿っている、精神の領域に立ち返らなければならない。これが第一の命法の説いているところである。ところが人間の精神は残念ながら有限で、誤謬を犯すことを免れない。それゆえ第二命法が第一のそれに続いて「そしてもしあなたの本性が可変的であるのを見いだすなら、あなた自身を超越せよ(44)」と告げられる。この場合の「あなた」というのは「理性的魂」（ratiocinans anima）を指しており、それを超えてめざされる上位の機能は「知性」（intellectus）もしくは「直観知」（intelligentia）と呼ばれる。これらの認識機能は永遠の理念のような超自然的な対象に向かうがゆえに、理性をも超越しており、この作用は宗教的には霊性を意味する。ここに霊性の機能が「外から内へ、内から外へ」という二重の超越の運動となっている。

このことは第Ⅲ章で考察したニーバーの「自己超越の能力」やティリッヒの「自己超越」によっても提示されていた事態である。

(4) 媒介作用(心身の結合としての霊の作用)

「霊・魂・身体」の三分法の中で、霊は魂と身体という心身を統合する媒介機能をもっている。キルケゴールがこの点をもっとも明らかに説いた。それは「精神」の定義に示される。彼は『死にいたる病』で人間的な精神を「関係としての自己」として捉え、次のように言う。「人間は精神である。しかし精神とは何であるか。精神とは自己である。しかし自己とは何であるか。自己とは、ひとつの関係、その関係それ自身に関係する関係である[45]」。このように精神は関係する行為主体であって、自己に関係しながら他者に「関係する」、つまり態度決定すると語られる。しかもキルケゴールの人間学的前提からすると、人間は身体と魂の総合としての精神である。この「精神」こそ「自己」として語られているものであるが、精神が自己の内なる関係において不均衡に陥ると、絶望と苦悩の状態が生じる。そのさい精神は、身体と魂に対してこれらを総合する第三者ではあるが、このような関係に精神をおいた永遠者、つまり神との関係において、絶望を克服することが可能となる。この「精神」(Geist)は「霊」とも訳すことができる。したがって精神は水平的な自己内関係と垂直的な神関係を内蔵させており、動的で質的に飛躍する「信仰」を秘めている。こういう精神こそキルケゴールの信仰と霊性を意味する。なお彼は人間学的三分法について言及し「人間はだれでも、精神たるべき素質をもって造られた心身の総合である」と言う。ここに精神である霊の機能が、心身を媒介する機能であることが判明する。

このような心身を統合する霊の機能はヨーロッパの思想史を通して確認できる。それはプラトンからヘーゲルに至る理性的な哲学の普遍思考の中でも、キリスト教信仰の中にも多様な仕方で現われている。[46] 一般的に言って理性的な精神は身体に比べると無力であり、パトス的な情念の反発を引き起こすが、そのような場合でも心身を統合する霊には自己を超えた力、たとえば神やサタンによって統合を混乱させたり、回復させたりすることができる。問題はこの統合作用が全く無視されたり、弱められたり、あたかも無いかのように隠蔽されたりする場合に起こる事態である。この事態はたとえばヨーロッパの場合には最高価値（神と聖価値）の否定として無神論とニヒリズムが発生し、世界観として定着すると、今日のように世紀の病として猛威をふるうようになる。

さらに創造機能を考察すべきであるが、その内容は続いて詳論する。

7 信仰と愛のわざ

信仰は愛のわざに結実する。信仰は受容する機能と変容する機能をもっており、そこから義認と聖化の問題が起こってくる。このことは信仰と愛のわざとの関係として論じられる。この点を聖書も明瞭に説いており、たとえばパウロはコリントの信徒への手紙一、一二章で「霊的な賜物」について論じたところで、知恵・知識・信仰・癒し・奇跡・預言・異言について述べてから「もっと大きな賜物」また「最高の道」として「愛のわざ」について詳しく語っている（一コリ一三章参照）。これについて詳しく論じることはここではできないが、「愛は自分の利益を求めない」（一コリ一三・五）点についてだけ注目したい。というのはこの点を力説するのがルターの『キリスト者の自由』であって、そこには「キリスト教的な人間」の特質がこのことと関連して考察されているからである。

この作品の冒頭で彼はキリスト者を相対立する二命題でもって規定する。第一命題は「キリスト者はすべての者の上に立つ自由な主人であり、だれにも従属しない」というものである。(47)第二命題は「キリスト者はすべての者に奉仕する僕〔つまり奴隷〕であり、だれにも従属する」である。この二つの命題によって「自由な主人」と「奉仕する僕」との矛盾した存在を同時にキリスト者は生きていることが示される。ルターはこの矛盾を内的な信仰と外的な愛のわざとに分けて論じてゆき、この書物の終わりのところで、キリスト者は信仰により神から自由を授けられており、もはや「自己自身において生きるのではなく、キリストと自己の隣人とにおいて、すなわちキリストにおいては信仰を通して、隣人においては愛を通して生きる」(48)と説いた。こうしてキリスト教的な自由とは結局「自己自身において生きない」(lebt nit ynn yhm selb) ような「自己からの自由」と考えられ、これなしには「信仰」も「愛」もなく、ただ自己主張のみがすべてを支配することになる。

したがってパウロの言葉「自分の利益を求めない」という愛はルターによって「自己のために生きない」と語られる。これに反して近代的な主体性が自己顕示欲に変質することによって世俗化を世俗主義に変貌させ、宗教を社会から締めだす世俗化現象を引き起こしたことをここでわたしたちは想起すべきである。このように宗教をも自己のために利用する人たちが多くいるかも知れない。確かにこうした堕落は宗教的な社会では絶えず起こっている事態である。これはベルナールの言う「貪欲の愛」にほかならない。(49) それゆえルターの言う「自己からの自由」を授けられた人は、神のために生きているなどとあえて主張しようとはしない。というのもルターによると、神は人から善いわざを自分に捧げてもらいたいと願っていないからである。自分のために何かをしてくれるように願うほど神は貧弱な存在ではない。こうしてキリスト者は自分のためにも神のためにも生きないとしたら、すべてをあげて隣人のために生きざるを得ない。この他者への奉仕にこそ霊的な信仰の本質がよく示されている。しかも世俗の唯中にあって直接他者に奉仕するわざが霊性による積極的なわざである。

ルターは真の自由をこのような自己中心的な罪の主体からの解放と見て、「もはや自己のために生きない」と先に語ったのである。信仰はこのような自己中心的な自己から解放され、自己を超えて高く飛翔し、神にまで昇り、さらにその高みである神から愛にもとづいて下降し、隣人のあいだに立って働くため、キリスト者は他者との共同の生を志す実践的主体となっている。こういう自由を彼は「あたかも天が高く地を超えているように、高くあらゆる他の自由に優っている自由」(50) と呼んだ。それは力の満ちあふれた愛となって働いている。この自由の高みから愛が低いところをめざして降りてゆく落差こそ信仰の燃えるエネルギーであり、ここに新しい創造的な形成力が与えられる。これが霊性の創造作用である。

8　キリスト者の試練

では信仰によって救いを得たキリスト者は平穏な生活を営むことができるかというと、そうではなく、さまざまな試練に見舞われることが多い。典型的な例はアウグスティヌスであって、『告白録』第一〇巻ではこの試練が詳述される。彼は過去の生活の反省から現在のそれへと移って行き、自分が救われているのに、生活においていまだ救いを全うすることなく、再び悪しき欲望のとりことなり、破滅に瀕している有様を克明に告白し記録している。彼はこのような状態をヨブと共に「人間の地上における生は試練なのではなかろうか」（ヨブ七・一参照）とみなし、次のように告白する。

わたしは、逆境にあって繁栄を希い、繁栄にあって逆境を恐れる。これらの両者の間に、「人間の生が試練である」ことのないような、中間の位置を占めるものがあるであろうか。この世の繁栄は禍いである。逆境の恐怖と喜悦の壊敗とのゆえに二重に禍いである。この世の逆境は禍いである。繁栄の願望と逆境そのものの苦難と忍耐の破壊とのゆえに三重に禍いである。「人間の地上における生は」間断のない「試練なのではなかろうか(51)」。

（1）誘惑と試練

確かに人間の生は不断の試練であるにしても、アウグスティヌスは試練の下でいかなることを問題にしていたであろうか。試練は「邪悪なものから善良なものにされた人が、今度は反対に善良なものから邪悪なものにされる」転落であると彼は説く。[52]そこには肉欲・食欲・嗅覚欲・聴覚欲・視覚欲・好奇心・驕慢な生活・名誉欲・虚栄心・自惚れなどが働いている。それゆえ人間に内在するもろもろの欲望のゆえに再びかつての邪悪な生に転落するのであるから、その本質においてそれは欲望に発する「誘惑」であると言えよう。

同様にルターも「わたしたちは肉体をもっているのであるから、欲望と試練を免れることはできない。各人各様の試練を受けている。たとえば憂愁・絶望・憂慮である」と語る。[53]〔性格の〕相違・習慣・霊的性質にしたがって違った試練を受けている。さらに人生の段階ごとに特有の試練が認められ、若い人は性欲により、壮年は名誉心により、老年は貪欲により試みられる。このような種類の試練は人間の欲望を根拠にして内側から生じてくる。

ところが彼は若い時代に憂愁の試練にさらされたとき、それは自分の欲望を刺激されるというよりも、突如襲ってきて自分が破滅するように震撼させられた。そのころ彼が不意に襲われた試練には、あの有名になった落雷の経験がある。これが修道院に入る彼の生涯の方向転換を起こした。そのとき彼はそこに悪魔の攻撃を感じ取った。

ルターはこのような経験を独特な意味でもって「試練」(Anfechtung, tentatio)と呼んだ。それは一般に考えられているような「誘惑」(Versuchung, temptatio)といった内発的な性格をもたないで、むしろ外側から内心に襲いかかり、恐怖と戦慄、絶望と死をもって攻撃して彼を破滅させるものであって、それは外発性という特質をもっていた。そこで誘惑と試練を区別するために一つの例をゲーテの『ファウスト』からとってみよう。悪魔のメフィストフェレスはファウストの内なる欲望を刺激して誘惑するが、責任はどこまでもファウスト自身にあるように誘う。したがってこの試練はファウストの内心から出たもので、悪魔は誘惑者にすぎない。しかしメフィストフェレスは信仰深いグレーチェンを誘惑できない。清純な愛はとり入る隙を与えないから。彼女はただファウストの愛に誘われて罪に陥るため、この苦難は彼女にとって外から襲ってきて破滅させる試練となっている。このような外発的攻撃性はルターの経験している試練の特質であり、誠心誠意を尽くして真実の歩みをなしている者を突如として襲うものである。この種の苦難は人間的生の可能性を一方的に絶滅させるため、これを克服する力を人は自己の外に、しかも永遠者への信仰に求めざるを得ない。

彼は卓上語録の中で次のように語っている。「わたしは自分の神学を突然に学んだのではなく、ますます深く追求しなければならなかったのであるが、そうするようにわたしを導いたのは、わたしの受けた試練であった。なぜなら、悪魔の陰謀と試練の外では、聖書は決して理解されえないから[54]」。彼にとって試練とは神との関係、たとえば信仰が外から来るもろもろの力によってさまざまに試みられる経験であって、「受難」とほぼ同義語である。それゆえ彼はこの試練の経験の中に神の教育を見てとり、ここへ向けて青少年を導こうとした。したがって「人間は神によって造り変えられる素材である」というのがルターの人間観における根本的な思想である。神学者として彼は、人間が自己自身の創造者でも形成者でもなく、また教育者でもなく、かえって神こそ人間の創造者、形成者、教育者であることを終始説きつづけた。

こうしてわたしたちはさまざまな試練を経験することによって自己ではなく神こそ自己の創造者、形成者、教育者であることを知るようになる。したがって人間的には全く無意味で不愉快な試練や苦難が驚くべき意義を発揮するようになる。

(2) サタンの試練

このような試練に神ではなく、サタンが関与する場合には、小さな罪が法外に大きく感じ取られ、絶望の末、身の破滅を引き起こす。一例としてルターが青年時代に一度も悩まなかったという異性問題について彼が論じているところを参照してみよう。異性に対する低次の愛の情念について彼は次のように語っている。「同様に敬虔深い青年や若い婦人たちでも、自分の意志に相反して、燃えるような性欲の想念によって捕らえられることがしばしば起こった。人は情念によって捕らえられると、彼の全体が奪い取られ、情念が刺激的に駆りたてることのほか、何も見たり聞いたり考えたりすることができなくなる」(55)。ここでは性欲の想念の中にサタンが働いて青年を破滅させると考えられている。たとえば情欲をサタンは刺激し、外側から働きかけるため、単なる内発的誘惑よりも強力な外力が加わっている。日常生活でも異性・金銭・名誉などを異常と思われるほど過度に追求している人たちをみると、その人の上にドン・ファンやマモン（財神）、また虚栄の霊が乗り移っていて、もはや自分の力ではコントロールできない外力の玩弄物になっていると感じられる。では、どうしたらこのような霊力に対決することができるであろうか。まず何よりも主の祈りにあるように「わたしたちを試みに遭わせないでください」と祈るべきである。だが試練に陥った場合には、まず昂ぶった気分を鎮めて、事柄自体を冷静に反省し、その上で荒野で試みられたイエスに倣って神の言葉と信仰によってサタンに打ち勝たねばならないと言えよう。

（3）試練と超越

キルケゴールによると試練はわたしたちの現に今在る状態をのり越える「超越」を意味する。彼は愛する婚約者レギーネとの関係を破棄せざるを得なくなり、アブラハムが息子イサクを犠牲にささげ、ヨブが全財産と健康との一切を放棄するのと同質の体験をもった。イサク奉献の行為は道徳的にはあるいは赦されがたいものであったかもしれないが、道徳の普遍性を越えた、神の前に立つ単独者の道において敢行された。このことは道徳の普遍性を「超越」することを、彼の試練の経験が印象深くわたしたちに教える。彼はこの点について『反復』のなかで次のように語った。

「試練」というこの範疇は美的でも倫理的でも、また教義的でもない。それは全く超越的です。……この範疇は絶対的に超越的であって、人間を神との純粋に個人的な対立関係に、受け売りの説明などでは満足できぬような関係に置くものです[56]。

このように試練が超越的であると言われるのは、日常的に安定した親しい間柄の世界が崩壊し、自己の在り方が根底的に震撼させられて、神との絶対的関係に単独者として入ってゆくことが起こるからである。この新しい関係に入ってゆく超越は信仰の飛躍する行為であって、キルケゴールが『おそれとおののき』のなかで「信仰の騎士アブラハム」について次のように述べている点にはっきりと示される。「かの騎士は神の腹心に、主の友になるということを、まったく人間的にいえば、悲劇的英雄でさえ神を第三人称でしか呼びかけないのに、彼は神に〈あなた〉と呼びかけるということを予感するであろう[57]」。試練はこのように神人関係を「我と汝」という対話的な親しい人格関係にまで導き、こうしてわたしたちは現在の生活を超越する信仰の生活に到達することができる。

9 人格共同体

イエスの「神の国」運動は、当時メシア（救世主）を待望する政治運動と同一視されて失敗に帰したように見えるけれども、イエスはこのメシア観に対し、自分を預言者の語った「苦難の僕」である「人の子」とみなし、政治的な運動ではなく、どこまでも純粋な宗教運動を志した。イエスの福音は何よりも貧しい人たちのための福音であり、彼らに向かって説かれたが、それは心の貧しさこそ真の救済を受容しやすくするからであった。彼は言う、「金持ちが神の国に入るよりも、らくだが針の穴を通る方がまだ易しい」（マコ一〇・二五）と。

ところで人格関係に生きるキリスト教徒は、現実の社会ではどのように生きるのであろうか。原始キリスト教会において信徒たちは共同生活を営み、祈りをともにして生きた、と使徒言行録には次のように記されている。「信じた人々の群れは心も思いも一つにし、一人として持ち物を自分のものだと言う者はなく、すべてを共有していた。……信者の中には、一人も貧しい人がいなかった。土地や家を持っている人が皆、それを売っては代金を持ち寄り、使徒たちの足もとに置き、その金は必要に応じて、おのおのに分配されたからである」（使四・三二―三五）。この生活形態を他の共産主義と区別してトレルチは「宗教的愛の共産主義」と呼んだ[58]。それはイエスの生存中には組織されず、彼を追憶する共同体の中から形成された。だが、そこには社会的な民族の復興運動といったものは見られず、財の共有を愛の表現とみなす消費の共産主義が見られた。それゆえ初代教会は共産的生活についても特別な施策を実施したのではなかった。

しかし、このような共同生活は、古代社会から興ってきた民族や国家といった「生命共同体」(Lebensgemeinschaft) や近代に始まる「利益社会」(Gesellschaft) とは異質の「人格共同体」(Persongemeinschaft) を形成していたと言えよう。この人格共同体は救済の連帯性によって結びついている宗教的集団である。その社会的統一態は社会集団のなかでボランタリーな活動をしているもので、シェーラーによって「自主的・精神的・個性的な個別人格の統一態」として規定される[59]。ここに「キリスト教的な人格共同体」の理念が示されており、わたしたちはその歴史における具体的な実例として

「原始教会の共同体」やアウグスティヌスの「キウィタス」（市民共同体）さらには中世ヨーロッパに生まれ、一七世紀後半まで続いた規模の大きな「キリスト教的共同体」（corpus christianum）を挙げることができよう。ここには人格の比類なき価値と愛による万人の救済にもとづく連帯責任とからなる人格共同体が、またその理念が古代社会の閉じた「生命共同体」と近代社会の特徴である打算的にして倫理的連帯性に欠ける「利益社会」に対決して力説されたと言えよう。この人格共同体を結びつけているのは救済的な連帯の絆である。そこでは共通の救い・共通善・共通悪・共通罪責の意味で集団全体に対する共同責任が一般に認められ、人格的レベルにおける霊的な愛が人格共同体の土台となっていた。この愛および救済を目的とする共同体の全体は、諸人格の人格である神においてのみ総体的に実現されると考えられた。そうすると人格共同体は霊的な愛にもとづく宗教的共同体として成立することになる。

キリスト教人間学の現代的な課題はこのような人格共同体の理念を現実社会において実現することではなかろうか。そこで幾つかの特徴をその歴史から学んでおく必要がある。

（1）「閉じた社会」と「開いた社会」

とりわけ古代社会における人間とキリスト教社会の意識とを比較するならば、人間の社会に対する関係が正反対なものに逆転していることが明らかになる。ベルグソンは『道徳と宗教の二源泉』においてこの点を強調し、社会の外的強制による統制のために設立された疑似宗教と人間性の解放に向かう真正な宗教とを区別し、前者の支配する社会を「閉じた社会」と呼び、後者に見られる社会を「開いた社会」と呼んだ。たいていの民族宗教はこうした疑似宗教の性格をもっていたが、ベルグソンによると、ユダヤ教の預言者においてはじめて、民族の地盤から離れた、真正な世界宗教が誕生したのである。[60] しかし、このユダヤ教の預言者と言えども民族の現世的幸福という世俗的願望から完全には自由となっていなかったのに対し、キリスト教は現世の権力からの人間の解放を説き、神との霊的共同体である「神の国」の福音をもってユダヤ民族から離れて、世界的な宗教として歴史に登場したのである。

（2）アウグスティヌスのキウィタス

古代社会の終末期にアウグスティヌスは『神の国』を書いて、「国」を意味する「キウィタス」を人格共同体として説いた。「キウィタス」(civitas) という概念はポリスのラテン語訳であり、「国」とか「都市」を意味する。この語は「普通には〈市民たること〉、〈市民権〉したがって都市、さらに国の意味で用いられた」。[61] しかし、それは同時に「社会」(societas) を意味し、「団体」「集団」「交わり」とも訳すことができる。[62]『神の国』を読むと分かるように、彼はこの概念をプラトンの普遍的な理想国家よりもキケロの「世界市民」の思想から学んだ。というのも前者がギリシアの都市国家を基盤に国家論を展開していたのに、後者はローマ帝国を背景にして論じているから。彼はキケロによって記されたスキピオの国家の定義を挙げて言う、「国家 (res publica) とは国民のもの (res populi) であるという。そして国民とは、多数者の結合体ではなく、法による利害と共通性によって結び合わされた結合体であると規定されている」と。また「民とは法の合意と利益の共有によって結び合わされた多数者の集団である、と彼〔キケロ〕は定義している」(『神の国』一九・二一)とも言う。したがって国家は「法の合意」と「利益の共有」なしには成立しないことになるが、キウィタスの方は、国家よりも規模の小さい都市の市民的共同体を指している。法の合意とは、それによって民が正義の実行をめざすことを含意する。それゆえ正義なしには共同体は存立しがたく、「正義なき王国は大盗賊団である」(同四・四)との有名な言葉が発せられる。そこには小集団が王国を形成してゆくプロセスも説明された。つまり小集団が「都市」を占領し、拡大していって「王国」に、最終的には「帝国」にまで達すると語られた。この都市がキウィタスであるが、ローマ帝国の時代には空前の大規模な形態の下にキウィタスから都市国家ポリスの意味が消失し、共同社会を含意するものとなった。したがってそれはポリスのような場所を暗示していても、現実の都市から離れていって、特定の場所と空間に縛られない「市民共同体」という普遍性をもつに至った。それは「法の合意と利益の共有」のような共通の意志によって支配を遂行する共同体である。「キウィタスというものは何らかの共同の紐帯(societatis vinculum)で結ばれた人間の集団に他ならない」(同一五・八・二)。この紐帯は「家族」(familia)が大きくなって「民」となったとき、「共同」(societas)や「共有」(communio)としてキウィタスを強固にし、「共同社会」(Gemeinschaft)を形成する。それは血縁的・地縁的な原始共同体よりも規模においては大きいが、土地や民族から離れた「結合意志」(テンニエス)を共通の本質とする市民の共同体を意味する。[64] ここにわたしたちは人格共同体のあるべき姿を学ぶことができる。

（3）「人間の内なる社会」

このような人格共同体の歴史を、わたしたちは全体的な経過を含めて次のようにまとめることができよう。すなわち、「人間は社会のうちに拘束されていたが、その拘束を脱し、自由となり、新たに社会を形成しようとした。しかし、やがて自己のうちに社会的本性を自覚し、他者との共同のうちに積極的に自由を求めるようになった」と。この命題を言い換えて、わたしたちは「社会の内なる人間」というあり方から出発し、やがて「人間の内なる社会」の自覚に到達したと言い換えることができよう。最近の研究によって古代社会における生活の実態がきわめて明瞭になってきた。そこでは強大な権力によって社会の秩序が維持され、人間が社会によって完全に拘束されていた。まさに古代社会こそ「社会の内なる人間」の特質を提示していると言えよう。そしてほかならない宗教もこの拘束状態を強固にするために利用され、信仰心に訴えて民族の統一がいっそう強固にされた。もちろん人間を現世の権力から解放したキリスト教でも、ヨーロッパの中世において強力な教権組織をもつ支配形態を生みだすと、この教権からの自由を人々は求めるようになった。こうして社会契約説が生まれ、「人間によって形成される社会」が誕生したと言えよう。ところがこの社会では社会制度は整備されても、今度は組織的に強化された仕方で人間を非人間的に処理する官僚化された社会となった。このような状況に追い込まれて初めて、わたしたちは人間自身の本性の内に社会性があることを自覚するようになった。この社会性は既述のように相互性から親密性を経て共同性を体得することによって個人のうちに次第に形成されてくる。[65] こうしてキリスト教人間学の観点からシェーラーが初めて「人間の内なる社会」を主張するようになった。[66] キリスト教人間学の課題はこのような社会性の自覚にもとづいて人格共同体を育成することにあると言えよう。

10　文化と歴史

キリスト教人間学の最後の課題は人間が育成されたり自己形成を遂げたりする文化と歴史に、わたしたちがどのように関与すべきかという問題である。そこでまず「文化」概念の二面性からこの問題に取りかかりたい。

（1）文化概念の二面性

「文化」（culture）はもっとも広い意味では「野蛮」と「未開」の状態に対比して、人類の生活水準が高まり、文字の使用によって拓かれた文明の状態を言う。しかし、それは一般的に言って二つの側面から理解されている。まず第一に個人的側面であり、「文化人」と言えば国や社会の教養階級を指しているように、「文化」とは個人的に形成される人格の「教養」さらに趣味の育成と洗練、生活の改善を意味し、人間的な調和のとれた円満なる人格と教養を指している。

次に文化は客観的側面から捉えられており、個人の教養と生活から生まれ、遺産として受け継がれている特定社会の生活様式の全体とその伝統とを意味する。たとえば文化人類学者タイラーによれば、「文化とは社会の一員としての人間により獲得されたものの複合的全体であり、その中に知識・信仰・芸術・道徳・法律・習俗その他の諸機能と習慣とが含まれる」(67)。そこには個人に優る生活様式の膨大な集積と伝統とが形成されている。つまり日本文化とかギリシア文化とかいった特定社会の全体的な生活様式を言う。

人間はこの客観的な生活文化の中に個人として生をうけ、文化を伝統として継承しながらも、発展させる任務を帯びている。この個人と文化との関係から次の三点が指摘される。

(1)文化を創造する人間は自然の世界に属していても、シェーラーが力説したように世界開放的にして超越的であり、自然に働きかけて文化を形成し、人間の理想に適した精神的世界を創造する。

(2)文化は社会的習俗や伝統によって個人に作用するが、個人によって継承される場合、つねに個人によって主体的に選別されたうえで受容されるため、それは生ける賜物である。

(3)したがって個々人の選択と応答さらに改善によって文化は良くも悪くもなる。文化は没価値的なものではなく、個人の関心や価値観によって取捨選択され、さらに集団の一致した努力によって発展する。

(4)文化は言語のような象徴的機能によって複雑多様に織り成される世界であり、複数にして特殊的かつ相対的であるため、宗教のような個人によって絶対的な関心が寄せられているものとの両立が可能である。

（2）キリスト教と文化

ところでキリスト教を含めた宗教の現象形態に注目すると、文化は個人の内面的な救済に根ざしていても、一つの文化現象となって客観的に実在している。したがって宗教は未開時代や古代社会以来、家族や氏族といった共同体とともに古く、文化の重要な内容をなしている。宗教の目に見える形態としては祭司・僧侶・寺院・聖堂・礼拝・神話・教典・教義・祭典などがあげられるが、これらはいずれも客観的な文化現象に属する。これは宗教的な人間が本質的には信仰・霊性・宗教心によって聖なるものに捉えられているにしても、それと同時にきわめて実践的に社会や時代に関与していくからである。そこにはティリッヒの言う「宗教は文化の実体であり、文化は宗教の形式である」[68]という原則が成り立っている。彼はまた「文化的創造は自己の宗教的背景を隠すことはできない」とも語る。同様にT・S・エリオットも文化を「宗教の受肉」とみなし、「信仰と行動」との不離なる関係を説いた。さらに歴史家C・ドーソンは「社会の宗教的組織」について考察し、その主たる形態は予言・祭司制度・祭儀・王位・法・神話であり、さらに科学・形而上学・芸術・政治・倫理といった文化の諸側面を通して宗教は表出されていると説いた。このような宗教と文化との関係を大別するなら次の三つの形態に分けられる。

(1) **並行関係および断絶関係**　ここでは両者の関係が分断され、関係をもたないとみなされる。したがって宗教が文化の否定として現われる。

(2)連続関係　ここでは両者の間に本質的区別がなく、宗教がそのまま文化と同一視される。または文化そのものが宗教として偶像視される。

(3)文化が宗教の表現形態である関係　ここでは文化という相対的媒体を通して宗教的価値が実現している。

この三者の関連を考えてみると、宗教と文化とが(1)では非連続を、(2)では連続を、(3)では非連続の連続をそれぞれ表明し、それぞれ発展の過程をも示すので、(3)の形態が最善であり、本来的な関係であることが判明する。キリスト教には仏教の説く「頓世」という考えはなく、世界に対して積極的に参与する姿勢が堅持されている。

(3)　キリスト教と歴史

わたしたちはキリスト教自身が歴史的に形成されてきた宗教であるばかりか、その後の歴史にもそれは大きな影響の跡を残してきたことに注目すべきである。モーセが神の姿を直接見ることができず、その後ろ姿を拝したように、同様にわたしたちも神を見ることができないが、それぞれの人生の歩みにおいて神の足跡を感じ取るように、歴史には神の関与が明白に刻まれ、とりわけイエスの思想と行為に神が啓示されている。

一般的に言って人間はある目的や予想を立ててそれを各自の行為によって実現させ、文化を形成する存在である。この意味で実に歴史こそこうした自己実現の場であると言えよう。人がある目標や予想を立てる場合、それは各自の価値観にしたがって実行されるため多様な変化が生まれてくる。なかでも快適とか快楽といった価値の下に目標を設定すると、それなりの実現は可能であろうが、それによって自己形成が果たした十全に実現されるかというと、それは極めて疑わしい。なぜなら快適や快楽の根底に潜んでいる欲望は尽きることなく増殖し、せわしなく、かつ、果てしなく無限に膨張するからである。では生命という価値を実現することはどうであろうか。スポーツで優勝したり、長寿を全うすることにも意味があろう。また生命価値を神聖なものと見て、シュヴァイツァーのように「生命への畏敬」に人生の究極目標を設定することはいっそう優れた自己実現になろう。さらには精神価値や宗教的聖の価値の下に目標を設定することは、平均的な人間「より以上」の生への高揚となろう。この点で次のキルケゴールの発言は意味深いものである。

> 世に偉大であったものは忘れられることはないであろう。しかし人はそれぞれ自らのしかたで偉大であった。各人はその愛せしものの偉大さに応じて、偉大であった。すなわち自己みずからを愛した者は自己みずからによって偉大となり、他の人々を愛した者はその献身によって偉大となった。しかし神を愛した者はすべてにまさって偉大となった[69]。

わたしたちはもちろん一挙に神の愛に向かうのではなく、多くの挫折の体験を経て有限な対象から次第に永遠なものにまで視線を高めていき、それによって自己を実現する歴史を刻むことであろう。青年時代には人生に不当なほどに高い期待を向ける傾向があるが、歳を重ねることによって人間の歴史から、さらに自己自身の人生経験から次第に何を目標にすべきかを学ぶようになる。そのさいには時が熟するという「時熟」が重要な意味をもってくる。

（4）時熟と世界史的瞬間

人生には節目となる時がいくつかあり、それによってわたしたちは決断の時を迎える。時熟（カイロス）とは「状況に適った限定された時」を意味する。たとえばイエスは公的な活動を開始するにあたって、「時は満ちた」と宣言し、この時熟を告げている。このカイロスの状況はイエスの下でも熟していた。福音書は「ヨハネが捕らえられた後、イエスはガリラヤへ行き、神の福音を宣べ伝え、『時は満ち、神の国は近づいた。悔い改めて福音を信じなさい』と言われた」（マコ一・一四―一五）と記している。実際、洗礼者ヨハネの逮捕が直接のきっかけとなった。イエスはこの機会を捉え、預言者の系列に自分を加え、預言の実現に向けて一歩を踏みだした。彼によると洗礼者ヨハネこそ最後の預言者であり、その逮捕は旧約の古い時代が終焉し、いまや新約の時代に転換する時の徴を意味していた。新しい時代は「神の国」と呼ばれ、それは歴史において実現しつつあって、イエスが求めたことは「悔い改め」（メタノイア）、つまり生き方の全面的な方向転換であった。この時すでに彼は三〇歳となっており、自分の存在と時代の救い主に対する期待とを結びつけて考えていたことであろう。ここに個人的な人生の時と客観的な歴史の時とが重なり、一つとなっている。このような時の成熟であるカイロスが彼によって感得された。同じようなカイロスはわたしたちの人生の節目を造りだし、この時を契機にして古き自己に死して、新しい自己に新生するのが人間らしい生き方ではなかろうか。つまり何回か古い自己から脱皮することによって人は、真人間《まにんげん》として生き続けることができると言えよう。

すでに繰り返し言及されたように、人間の本質は精神であり、精神は身体を通して自己を実現する。歴史は精神としての人間が共同して自己実現を図るべき場にほかならない。わたしたちは歴史的時間に生きているのみならず、人類の運命にかかわる変革をもたらす世界史的な瞬間にも招かれていることを知るべきである。この瞬間が到来したときにわたしたちは全存在を賭けて社会と人類の未来のために決断し、どのような困難に直面しようとも、ルターが自説を翻すことなく、「我ここに立つ、神よ我を助けたまえ」とヴォルムスの国会で叫んで、世界史の転換を生みだしたように行動することができる。ここに人間の尊厳があり、人類の輝かしい未来もおのずから拓かれてくると言えよう。

註

(1) プラトン『饗宴』森進一訳、新潮文庫、一九七一年、一一〇頁。
(2) プラトン、前掲訳書、一一四頁。
(3) プラトン『ソクラテスの弁明』田中美知太郎・池田美恵訳、新潮文庫、一九六八年、三九頁。
(4) 詳しくは金子晴勇『ヨーロッパの人間像――「神の像」と「人間の尊厳」の思想史的研究』知泉書館、二〇〇二年、三〇―三四頁参照。

（5）Thomas Aquinas, ST. II, II, q. 32, a. 5; De Potentia, 8, 4.
（6）Thomas Aquinas, ST. II, II, q. 64, a. 2.
（7）Thomas Aquinas, III Sent., 35, I, 4.
（8）本書、一七四頁参照。
（9）西ドイツのボン基本法では、「人間の尊厳は不可侵である」と宣言されている。続いて国家は人間の尊厳を尊重し保護することは、すべての国家権力の義務であるとされる。つまり、人間が国家のためにあるのではなく、国家が人間のために存在するという価値観の下に、人間の尊厳を尊重し保護することは、国家の義務であると規定している（J・ヨンパルト『人間の尊厳と国家の権力』成文堂、一九九七年、六二頁参照）。
（10）Von Rad, Genesis, ATD. S. 57-58.
（11）E. Jacob, Theology of the Old Testament, p. 171.
（12）Von Rad, Genesis, ATD, S. 94.
（13）金子晴勇『ヨーロッパの人間像』一三―一八頁参照。
（14）孟子は「人の学ばずしてよくする所は、その良能なり。慮らずしてよくする所は、その良知なり」という。彼の良心についての考えは次の言葉の中に述べられている。「人に存する者といえども、あに仁義の心なからんや。その良心を放つ所以の者はまたなお斧斤の木におけるがごとし。旦旦にしてこれを伐る、もって美となすべけんや」。ここで「良心を放つ」というのは良心を放ち失うことで、心のうちに善良な性が無くなることを言う。その様は斧で木を伐り倒してしまったようなものである。「旦々」とは毎朝のことで、せっかく夜に回復した良心も伐りとられると美しい性がだいなしになってしまう。

この節に展開する良心学説について詳しくは金子晴勇『恥と良心』教文館、一九八五年、四一―六六頁を参照。
(15) キケロ『アッティクス宛書簡集』一二・二八・二。
(16) キケロ、前掲書、一三・二〇・四。
(17) Cicero, Pro T. A. Milone, 61.
(18) Cicero, In L. C. Pisonem, 95.
(19) Cicero, Verres, V. 74.
(20) Cicero, Auct. ad Herenn. II, 5. 8.
(21) M・ブーバー『対話的原理Ⅰ』田口義弘訳「ブーバー著作集1」みすず書房、一九六七年、二二〇頁。
(22) ブーバー、前掲訳書、二二二頁。
(23) M・ブーバー『我と汝・対話』植田重雄訳、岩波文庫、一九七九年、七―八頁参照。
(24) 本書、第Ⅲ章8節、一二七―一二九頁参照。
(25) I・カント『人倫の形而上学の基礎づけ』野田又夫訳「世界の名著39」中央公論社、一九七二年、二七四頁。
(26) F. J. J. Buytendijk, Das Menschliche Wege zu seinem Verstandnis, 1958, S. 90-93.
(27) M・ブーバー『対話的原理Ⅰ』四〇頁。
(28) M・シェーラー『宇宙における人間の地位』亀井裕・山本達訳「シェーラー著作集13」白水社、一九七七年、五九頁。
(29) GW., II, 471-472. M・シェーラー『倫理学』第三巻、飯島宗享・小倉志祥・吉沢伝三郎訳「シェーラー著作集3」白水社、一九八〇年、一六七頁。訳文はテキストに従って改訳する。
(30) これに関する詳しい説明は金子晴勇『アウグスティヌスの恩恵論』知泉書館、二〇〇六年、二一〇―二一六頁を参照。
(31) アウグスティヌス『神の国』一三・二三・一。
(32) アウグスティヌス、前掲書、一三・三。
(33) M. Luther, WA. 42, 112.
(34) M. Luther, WA. 42, 110.
(35) M. Luther, WA. 42, 113.
(36) M・シェーラー『道徳の構造におけるルサンティマン』林田新二訳「シェーラー著作集4」白水社、一九七七年、一一九頁。
(37)『ロマ書の研究』上巻「内村鑑三聖書注解全集16」教文館、一九六五年、五二頁。
(38) 霊の視点からキリスト教思想史の全体を解明した試みとして、金子晴勇『キリスト教霊性思想史』教文館、二〇一二年の全体を参照。
(39) パスカル『パンセ』前田陽一・由木康訳「世界の名著24」中央公論社、一九六六年、L一一〇、B二八二、一八二頁。
(40) パスカル、前掲訳書、L四二三、B二七七、一八一頁。
(41) WA. 8, 109, 21-25 参照。ルターにおける感得作用 sentire についてはWA. 40, II, 328, 30-33 参照。
(42) 金子晴勇『ルターの人間学』創文社、一九七五年、八二―八五頁参照。
(43) アウグスティヌス『真の宗教』三九・七二。

(44) アウグスティヌス、前掲書、同上。
(45) S・A・キルケゴール『死にいたる病』桝田啓三郎訳「世界の名著40」中央公論社、一九六六年、四三五頁。
(46) 詳しくは金子晴勇『人間学講義』知泉書館、二〇〇三年、一二七—一三一頁参照。
(47) M. Luther, WA. 7, 38, 6-8.
(48) M. Luther, op. cit. 21, 1-4.
(49) ベルナールは愛の四段階を説いて、「自己のために自己自身を愛する自己愛」・「自己のために神を愛する貪欲の愛」・「神のために神を愛する友情の愛」・「ただ神のために自己を愛する真の自己愛」を区別している。詳しくは金子晴勇『愛の思想史』知泉書館、二〇〇三年、一四五頁参照。
(50) M. Luther, op. cit., 38, 9.
(51) アウグスティヌス『告白録』一〇・二八・三九。
(52) アウグスティヌス、前掲書、一〇・三二・四八。
(53) M. Luther, WA. 40, I, 101.
(54) M. Luther, WA. Tr., I, 352.
(55) M. Luther, WA. 40, III, 540f.
(56) S・A・キルケゴール『反復』桝田啓三郎訳、岩波文庫、一九五六年、一三四頁。
(57) S・A・キルケゴール『おそれとおののき』桝田啓三郎訳「世界の大思想24」河出書房、一九六六年、七〇頁。
(58) E. Troeltsch, Die Soziallehren der christlichen Kirche und Gruppen, GA. Bd. 1, S. 49.

(59) この社会的統一態は「原始キリスト教的な共同体思想の中核」を形成しており、この共同体思想は個体の魂と人格との存在およびその破棄せざる自己価値を万人の救済連帯性というキリスト教的愛の理念に基礎づけられている(「シェーラー著作集3」二五〇頁)。
(60) H・ベルグソン『道徳と宗教の二源泉』平山高次訳、岩波文庫、一九七七年、九四頁。
(61) 石原謙『中世キリスト教研究』岩波書店、一九五二年、一六三頁。
(62) 「キウィタスとソキエタス」(civitas societasque)、「キウィタスとは社会である」(civitas, hoc est societas.『神の国』一五・二〇)。詳しくは金子晴勇『アウグスティヌスとその時代』知泉書館、二〇〇四年、五一—五六頁参照。
(63) アウグスティヌス『神の国』二一・二。以下において出典箇所が多いため出典は本文中に記す。
(64) F・テンニエス『ゲマインシャフトとゲゼルシャフト』上巻、杉乃原寿一訳、岩波文庫、一九五七年、三四、一六四頁参照。
(65) 本書、一七七頁参照。詳しくは金子晴勇『人間の内なる社会』創文社、一九九二年、六一—一一一頁参照。
(66) M・シェーラー『同情の本質と諸形式』青木茂・小林茂訳「シェーラー著作集8」白水社、一九七七年、三六八—三六九頁。彼の影響のもと今日、知識社会学とか人間学に関心を寄せている社会学者たち、たとえばバーガーなどは「社会の内なる人間」と「人間の内なる社会」とを分けて論じている(P・L・バーガー『社会学への招待』水野節夫・村山研一訳、新思索社、二〇〇七年、普及版)。この点に関し詳しくは金子晴勇、前掲書参照。
(67) E. B. Tyler, Primitive Culture, 1871, p. 1. 棚瀬襄爾『文化人類学』弘文堂、一九七一年、三〇頁からの引用。

(68) P・ティリッヒ『プロテスタントの時代』古屋安雄訳「現代キリスト教思想叢書8」白水社、一九七四年、六五頁。
(69) S・A・キルケゴール『おそれとおののき』「世界の大思想24」一五頁。

V　キリスト教人間学の将来

これまでわたしたちはキリスト教人間学の課題について考察してきた。しかし、その課題は一応立てられていても未だなお不十分であり、これから将来にわたって解明し続けられねばならないものを残している。そのような問題点についてわたしたちは引き続いてその要点を挙げ、考察しなければならない。

1　キリスト教人間学の意義

ヨーロッパのキリスト教人間学の歴史的展開の中で、魂と身体の哲学的二分法とは別に、オリゲネス以来「霊・魂・身体」の三分法が説かれてきた。この三分法はすでに述べたように、パウロの言葉「あなたがたの霊も魂も体も何一つ欠けたところがないもの」（一テサ五・二三）から淵源しており、オリゲネスを経てエラスムスに伝わり、ルターによっても聖書から直接に継承された。さらにキルケゴールもこれを独自の視点から発展させ、内村鑑三によっても継承された。その中でも「霊」とその

	作用	対象界	認識の形式	認識の種類	純粋理性批判区分
心の	感性	感覚的世界	空間と時間	事物の印象＝表象知	感性論
認識	悟性	科学的世界	12の範際	学問的認識＝科学知	分析論
能力	理性	思想的世界	3つの理念	体系的知識＝観念知	弁証論

図1　カントの三分法

作用である「霊性」が世俗化現象によって今日消滅しかけている事実を考えると、わたしたちが将来これをどのように回復させていくかは、きわめて重要な将来的な課題ではなかろうか。

(1) 伝統的な哲学的区分法

そこでまず哲学の中でもプラトンの伝統に立つ場合には、理性が科学的な「悟性」と狭義の思弁的な「理性」とに分けられ、理性・悟性・感性という認識の三つの機能がカントによって解明されたことから考えていきたい。カントは有名な『純粋理性批判』で心を三つの部分に分け、その機能を批判的に分析した。それを簡単に図式化すると、次のようになる（図1）。

この区分にも現われているように、これまでの近代社会においては科学的な精神によって目に見える世界にかかわる科学知が「悟性知」として尊重されてきた。一般的に言って悟性な人間はさまざまなデータを巧みに処理し、頭脳明晰にこれを整頓し、素速く行動する人であり、しかも利益を追求するにあたっては目的合理的に活動する人間を意味する。これに対し感性の復権が今日説かれているのは当然であるとしても、心が単にその

①	感受衝動	無意識・無感覚・植物的生	心的生の中核 ＝自我
②	本能	低次の動物の生	
③	連合的記憶	条件反射的行動の生	
④	実践的知能	環境の変化に適応できる 動物の生	
⑤	精神	人格的・本質認識的生	精神の中核 ＝人格

図２　シェーラーの五段階

作用にもとづいて感性・悟性・理性に分類されるだけでなく、心を「霊」と「魂」に分けて、「霊性」が重んじられていた伝統も顧みられなければならない。つまり感性・理性・霊性の三分法からなる人間の全体的理解が再考されるべきであろう。それに導く手がかりとしてシェーラーによる次の五つの機能の分類を参照してみよう（図2）。

人間は心的な生命の四段階のすべてに関わっており、この段階の生命は実験心理学の対象となっており、この心的生命の中心は「自我」と名づけられ、その活動は人間の本性に備わっている「機能」（Funktion）と呼ばれる。この機能には五感や感情の働き、また身体的領域に関連する諸機能、たとえば共歓・共苦といった共同感情も入る。このような自我の特質は、目に見えない人格の非対象性と相違して、認識の「対象」となりうることに求められた。これに対して人格とその作用は決して目に見える対象ではなく、実験科学的に実証される性質のものではない。このような四段階の区別は新しい科学的な発見にもとづいて立てられており、伝統的な心身論の枠内に容易に入れられることができる。しかし五段階目の理性の機能が実践的知能と区別されて、精神に組み入れられているところに特徴

区分	機能	対象界	神殿の比喩
霊（Geist）	霊性	不可視の永遠の事物、神の言葉	至聖所
魂（seele）	理性	存在するものの理解不能な法則	聖所
身体（Leib）	感性	可視的世界	前庭

図3　キリスト教の三分法

がある。さらにこの「精神」（Geist）は「霊」とも訳すことができるので、ここから霊・魂・身体のキリスト教的な三分法の中に入れることも可能である。

（2）キリスト教人間学の三分法（霊性・理性・感性）

次に霊・魂・身体の三分法が近代ヨーロッパにおいてキリスト教との関連でどのように理解されてきたかを考察してみよう。

まず、ルターが霊・魂・身体をその本性にもとづいて考察している学説を参照してみよう。彼は『マニフィカト（マリアの賛歌）』（一五二〇—二一年）で人間の自然本性から成る「霊・魂・身体」を次のように簡潔にかつ明瞭に区分した（図3）。

ルターは霊と理性の働きをさらに説明し、霊は人間によっては理解しがたく、目に見えない永遠の事物を把握する。それに対し魂は自然本性によれば霊と同じ実体に属するが、身体を生けるものとなし、身体を通して活動する。また理性がこの家の光であって、霊がより高い光である信仰によって照明し、この理性の光を統制しないならば、理性は誤謬から免れ得ない。なぜなら理性は神的事物を扱うには余りにも無力であるから、と言

う。(1)

次にフランス革命時代に活躍したメーヌ・ド・ビランの人間学を参照してみると、彼は『人間学新論』において「動物的生活」「人間的生活」「霊的生活」から成る三分法を採用した。この三分法は「人間が神と自然との中間に存在する」という観点から捉えられている。それゆえ人間はその自我を動物的生活の衝動に従わせ、自然と一体となることができるが、その霊性によって神と一体となることもできる。人間は行動と自由に立った人格にその核心をもっているばかりか、霊的生活において神を求め、神と一つになって生きる。ここにヨーロッパのキリスト教人間学の伝統が受け継がれていることが知られる。

さらにキルケゴールは『死にいたる病』で三分法について次のように言う、「人間はだれでも、精神たるべき素質をもって造られた心身の総合である。これが人間という家の構造であるのに、とかく人間は地下に住むこと、つまり感性の規定のうちに住むことを好む(2)」と。ここでの「精神」(Geist)は「霊」と訳すことができる。

これらの思想家の見解から明らかになることは、人が神および神の言葉と出会いうる場が「霊」であり、それはルターの表現では「神の言葉と信仰が生きる家」ということになる。既述のように「霊」と「息」とは旧約聖書では同義と理解されており、霊は「命を与える霊」として同時に生命原理を意味した。しかし人を生かす霊の働きは、神から来る霊を受けると、人間を神に向けて超越させ、神と人とを一つの霊にさせると考えられていた。

トレモンタンは『ヘブル思想の特質』という著作でこの霊に関し次のように述べている。「人間の霊、彼のプネウマは、人間の中にあって神のプネウマとの出会いが可能なところのものである。それは人間の中にある部分であってこの部分のお陰で神の〈霊〉の内住ということが異質な侵入とはならないで、異邦の地における大使館のように、準備され、欲せられているものとなっている」[3]と。このような神との出会いの場としての「霊」の理解は、イスラエルの幕屋の至聖所にある「贖いの座の前でわたしはあなたと会う」（出三〇・六）という言葉でも示されており、後になるとドイツ神秘主義の「魂の根底」（Seelengrund）でもってとくに強調された。魂の根底というのは通常の魂よりも高次の作用を指しており、人間の魂の「深み」において、つまり魂の淵において人は神と出会い、新しい生命を受けて神の子として誕生すると説かれた[4]。

この「霊」および「霊性」はヨーロッパの伝統においては人間の内なる作用、しかも人間から懸け離れ全く異質な神を捉える「機能」として理解されてきたが、同時に霊なる神が先駆けて人間を信じさせることによって初めて発動するとも説かれてきた。その意味で「霊性」は「信仰」と同義であった[5]。

ところで、もしこの霊が神によって導かれ、神と出会い、一つとなって喜びに満たされない場合には、神のほかの何らかのものがそこに必然的に侵入することになる。このように霊を満たすべきものが永遠者なる神であるのに、そこに間違って有限なものが闖入《ちんにゅう》すると、それは「偶像」となる。とくに「有限的な財」に絶対的な信頼を求めるとき、「財の偶像化」が起こる。これについてシェーラーは言う、「人間は自分の作った偶像に魔法にかかったように縛りつけられ、それを〈あたかも〉神であるかのごとくもてなす。このような財をもつかもたぬかという選択は成り立たない。成り立つのはただ、自分の絶対領域に神を、すなわち宗教的作用にふさわしい財をもつか、それとも偶像をもつか、という選択だけである[6]」と。この偶像には金銭・国家・無限の知識・女性などがあげられよう。有限的なものが「霊」という人格の中核に侵入することは「偶像化」の発端であり、昔の神秘家の言葉によってそれは「ものの虜となる」(vergaffen)と言われた[7]。この「ものの虜となる」という現象こそ心身の総合である霊性にさまざまな悪影響を及ぼすことが起こり、心身相関に変調や転調をもたらすと考えられる。とりわけ「有限な財」を絶対視するとマモン(財神)が猛威をふるうことになる。さらにアフロディテ(愛欲神)やリビドー・ドミナンディ(支配欲)などのデーモンが荒れ狂うことにもなる。これらのものの虜となると、人間は自己を喪失するのみならず、悪魔に憑かれた状態に転落する。こういう状態が慢性化する状況が今日いたるところに見られるのではなかろうか[8]。もしそうなら現代社会にとって人格の深みにある霊が真正な神との関係に立つことによって、人間らしい人間となることの意義が認められるであろう。このようにしてキリスト教人間学の三区分における「霊」の意義が確認されるであろう。

2　キリスト教的人格性の特質

先に考察したキリスト教の「霊」およびその作用の「霊性」は、キリスト教によって理解された人格の中核であって、この霊の作用によって「キリスト教的人格性」の特質が形成される。そこには神との関係が含まれているため、人格や人格性の意味する内容が変化していると言えよう。このような人格性の理解は将来の人間理解に重要な貢献をすると考えられるので、次にわたしたちはこの問題を取り上げてみたい。

(1) 歴史における社会と個人の変化

キリスト教人間学はその歴史において明らかなように、個々の人を神との関係において捉えてきた。それに反して近代の人間学は人間を教会の絆から解放し、自主独立の自律的な存在として確立しようと試みてきた。そのさい人間の社会的本性自身は、古代奴隷制社会においても、近代の自由主義社会においても変わっていない。変化したのは人間の本性よりも共同体のほうであり、その結果として社会への人間の関わり方と社会を捉える視点が変化したのである。このような変化と同時に個人と社会との関係も大きく変わり、古代社会から中世封建社会を経て近代社会に移行すると、個人の社会に対する関わり方が変貌してくる。この移行と変貌とが地中海世界とヨーロッパでは質的変化を遂げているため、典型的な発展を遂げたものとして考察することができるであろう。

近代における第一の変化は、個人が社会から独立し、個人が相互に契約を交わす社会を新しく形成したことである。したがって近代における社会革命は旧体制を崩壊させ、個人を社会の権力から解放したのであった。こうして個人は各自の理性によって自律し、自己の力で立法し、新たに契約を結んで社会を形成し、それによって秩序ある世界を創造した。こうして法の前での公民としての平等が主張されるようになった。だがその反面、市民としては自由競争の原理に立って利益のみを追求し、公民と市民との矛盾した生活を強いられながら近代市民社会は今日に至るまで続いている。

そこでは個人と個人とが相互作用によって社会を実現していくことが求められた。たとえばヘーゲルは『精神現象学』のもっとも優れた箇所で自己意識が他の自己意識との間に相互承認によって社会を形成していると説いた。(9) さらに彼は「人格と人格との共同は本質的には個体の真の自由の制限ではなく、その拡大とみなされなくてはならない。最高の共同は最高の自由である」と高らかに宣言した。(10) しかし、そこには個人間の相互性から人格的な共同性への進展がなければならない。つまりばらばらな個人の人格によるのではなく、個人と個人が本質的に関わっていって、相互に人格にまで高まる発展がなければならない。こうして初めて個人が本質的に社会に属するだけでなく、社会によって働きかけられることによって自己を形成しながら、同時に社会を構成する一員として社会に働きかける、共同性が実現される。ヘーゲルはこの共同形態が具体的には共同体の三類型である家族・市民社会・国家を通して実現していると考え、個人間の相互行為は個人と社会との相互作用において実現すると説いた。

しかし個人が他者に関わっていく形式から、現象学的に見て、個人間の関係が次第に内面化されて形成される三つの性質を取りだすことができる。すなわち最初には個人がそれぞれ独立していながら関係し合う「相互性」が成立し、次に、その関係が親密な情緒的な結合の度合いを増すと、そこから「間柄性」が生まれる。さらに、わたしたちはこの間柄に立って「共同性」が自覚され、真の社会性が実現されると考えることができる。

（2）相互承認と相互受容

このことをいっそう明らかにするために、相互承認と相互受容との関係について考えてみたい。人と人とが交わる対話によって拓かれる「間」の領域で生じる出来事は「相互性」の完全な実現である。この相互性は「相互承認」と「相互受容」とに分けて考えることができる。この二つの間の関係を友愛と恋愛を手がかりにして考えてみよう。

友情は個人と個人とが距離を保ちながら接近しあう関係で成り立っている。たとえば「友あり遠方より来たる。また楽しからずや」とあるように、遠方という距離感は空間的隔たりのみならず、尊敬の念が引き起こす離隔作用をも含むであろう。ところで友情による人格と人格との結合は、相手の趣味、思想、才能、利益などによる多様な契機から成っているとしても、その前提とするものは「相互承認」であって、「相互受容」を必ずしも前提していない。これに対し恋愛の場合は「相互受容」をはじめから前提しないと成立しない。なぜなら承認は相手の所有している意見や思想また提案を認めることであるが、受容は相手の人格の全体を受け入れることを意味しているからである。

したがって承認は他者の人格そのものよりも、他者の所有している意見や思想また生き方、つまり付帯的なものに関わっている。だから表面は相手の意見を認めても人格を認めない「承認」も、相手の人格を認める結果、その意見を批判する「受容」もありうる。

また承認と受容の関係を伝達内容の可信性、信憑性、もしくは知的リスクの度合いから考えることができる。たとえば新聞記事の報道内容がどの程度の信憑性があるかどうか問われる。それは客観的に確認できる事実によって高い場合もあるが低い場合もあろう。それに応じて承認と不承認の判断がなされるであろう。ところが、ある人がわたしを愛している、との言葉を聞いた場合を考えてみよう。そんなことは考えられないと言って拒絶したとすると、その伝達内容を信じないため、その人に対しわたしは全面的に自己を閉ざすことになり、反対に、もしわたしがそれを信じるなら、その人を全面的に受容することになるであろう。ここでは客観的に確認できる事実はまったく問題ではなく、他者の愛を信じ、受容することは全面的リスクを伴っていると言えるであろう。承認はある事柄についてリスクをそれほど伴わない。それは客観的に確定できる知識によって支えられているから。

このように伝達内容の信・不信は、伝達者に対する信・不信に依存している。ここでは伝達された事柄よりも、語り伝えている人への「信」が重要な意味をもち、「事柄」に対する「信」の優位がある。恋愛の場合ではとくに語っている人物への信頼がすべてに優位し、この人格を受容するか否かの決断がすべてを決定することになる。承認の場合は客観的データに加えて、伝達者への「信」が承認への決断を導いている。いずれにしても他者への「信」にもとづいて、他者から伝達された事柄を真として認識することが成立しており、他者の言葉を信じるのは、人格としての他者が「信」に値するからであって、その逆は真ではない。人格としての他者に対する「信」は、言葉多きによるのではない。

（3）キリスト教的人格の理解

ところでキリスト教人間学は信仰の受容する作用を人間の心の最内奥である「霊」に求めてきた。それはわかりやすく言うと人格の中核に相当するもので、「信心」とみなしてもよい。この信心の作用には「他者を受容する働き」と同時に「自己を変容させる働き」があることがこれまで説かれた。そうするとキリスト教的な人格性の概念には、個人としての人格の尊厳に優る人格間の相互受容の理解がそこに認められるであろう。

したがって個人の内にある人格の尊厳と、神との関係に由来するキリスト教的な人格との間には、大きな相違が認められなければならない。近代の人間学では自主独立の精神に立つ人間像がカントによって人格の尊厳として力説された。こうして個々の人格はおのおのが法を遵守することによって社会を維持することになった。それに反してキリスト教の説く人格は、すでに繰り返し述べたように、神との対話的な関係から生まれてきた。つまり人格神が人間に「あなた」と語って呼びかけることで開示される関係は、人間をも人格として育んできたのである。したがってキリスト教的な人格の理解は、最初から相互性にもとづいている。しかもキリストとの一体化によって相互性から共同性にまで高められている。それゆえ隣人との関係においてもこの共同性は維持され、そこに「共同的人格性」もしくは「間―人格性」という特色をもつ生き方が示された。ここでは共同的な人格性にもとづいて他者を「信心」により受容することができる。それゆえ人間関係が破綻し、相互不信の陥穽に陥っている現代人にとって、このような共同人格性は人間性を回復するためにも重要な意味をもっているのではなかろうか。このようなキリスト教人格性がこれからも強調されなければならないであろう。

3　キリスト教的な人間関係論

人間の行動を規定するあり方として、他律・自律・神律がこれまで考えられてきた。カントは理性的自律を確立するにあたって理性の命令に対抗する力を傾向性として捉え、快・不快、自愛、幸福をめざす生き方と見なし、傾向性に従う生き方を「他律」として退け、もっぱら人間の理性にもとづく行動を理性的な「自律」として確立した。そのさい彼は神の恩恵によって新生した存在に見られる「神律」を否定したのであるが、その結果ライプニッツに至るまで神学を前提として哲学を確立してきたヨーロッパの伝統から訣別するに至った。この点を明らかにするために、人間の行動を起こす力としての意志の在り方を考えてみたい。

（1）三つの意志規定

意志規定には「他律」（Heteronomie）、「神律」（Theonomie）、「自律」（Autonomie）という三つの類型があると考えられる。この類型によって人間の行動の様式が解明されるのではなかろうか。ここで提示される新しい意志規定である「神律」は字義的には神に従う生き方であるが、内容的には神によって新生した人間の行動の仕方を意味する。だが一般的には神律は他からの命令によって行動する他律と同義に理解されている。神が自己にとって他者であるなら、そう考えられるのも当然であろう。だが神はわたしたちにとって異質ではあっても、よそよそしい他者であろうか。神が律法をもってわたしたちを脅かしたり、刑罰の恐れを引き起こしたり、わたしたちがファリサイ派の人々のように律法の外面的遵守によって神に対して合法性を主張しようとするなら、その時には神律は他律となっている。他方、神の恩恵によって新生し、自発的に善い行為をなそうと励むような場合はどうであろうか。そのとき神律は自律を内に含んでいる。エレミヤ記三一章にある「新しい契約」のように心の内に神の法が刻み込まれている場合や神の愛に応答するイエスの愛の教えのように、神律は自律の契機を内に含んでいる。こうして神律には外面化して他律となる方向と、内的な変革によって自律に向かう方向とがあると言えよう[11]。

そこで自律と神律とが相互に深くかかわっている点を考えてみよう。というのも神律は自律との関係を通してわたしたちに拓かれてくるからである。たとえばパウル・ティリッヒは次のように語る、「神律とは他律とは反対に、超越的内実をもってそれ自身法にかなった諸形式を実現することである。それはカトリック的権威思想のような意味で、自律を放棄することによって成立するのではなく、自律が自己を超出する地点まで達することによって成立する」[12]と。この文章の前半は神律文化の形成について語っており、その後半は自律の深化と自己超越によって神律が成立すると説いている。この自律を放棄すると他律となるが、自律を徹底させて自己を超越することによって神律に達すると述べられている点が重要である。ティリッヒは自律と神律との関連について「その神的根拠を知っている自律が神律である。しかし神律的次元なき自律は単なるヒューマニズムに堕落する」[13]とも説いた。わたしたちの意志は、キルケゴールが鋭く指摘しているように、自らの力によって立とうとするとめまいを起こし倒れざるを得ない[14]。したがって有限な意志は神の力によって支えられてのみ再起しうるのであって、神の恩恵によって内的に新生した意志の在り方こそ神律であると言えよう。

(2) 神律にもとづく共同性

事実、神の恩恵によって自由意志はいっそう自由となると言えよう。自然本性的な自由はここでは超越的な神との関係の中で自由を拡大させている。アウグスティヌスは言う、「自由意志は健全になるにつれて、いっそう自由になるであろう。しかし自由意志は神の憐れみと恩恵に服すれば服するほど、いっそう自由となるであろう[15]」と。この自由の状態を彼は「自由とされた自由意志」(liberum arbitrium liberatum)と言う。自由意志は本性的な機能としては「生まれながらの属性」(naturaliter attributum)であっても、堕罪後は神の助けがなければ罪を犯さざるを得ないような「拘束された」(captivatum)自由意志」である。また、この「拘束された自由意志は単に罪を犯すことができるだけである[16]。神によって自由とされ、助けられていなければ義をなしえない」とも言っている。こうして自由は既述の三段階の発展を経験することによって質的に高められる[17]。ここに神律的な自由がある。

このような神律によって生命的な力を付与された人間の関係性こそ人間の本来あるべき姿を取り戻

したものである。それに反し、他律においては相互性は人格の根源的な自由を喪失し、平等性を欠いた支配形式に転落する。さらに自律においては他者との直接的な関係が見失われ、相互に理性が立てた法律を厳格に遵守することによって辛うじて関係性が維持されているにすぎない。

（3）日本人の社会性の問題

人格の共同性から日本人の社会性を問題にしてみたい。日本人の一般的な社会行動では他者の目と言われる「一般化された他者」が強く意識されている。それこそ「恥の文化」である。この一般化された他者は社会の全体を組み入れていると考えられていたが、日本社会では一般化された他者の経験が特定の狭い共同体に限定されていたと言えよう[18]。欧米社会と比較すると、とりわけ社会の変動が緩慢であって、革命を経験することなく、社会の外的枠組を残したまま内部調整によって進展を図ってきた日本社会においては、良心の葛藤を呼び起こす契機が比較的弱かった。こうして良心よりも「恥」を基調とする文化」が形成されたと言えよう。たとえば「他人の判断」や「世評」などは「一般化された他者」と同じであり、これの組織化された規則に従う行動様式が一般的に支配的であった。恥による行動様式はこの場合、一般に「公恥」という形態であって、公恥は良心の社会的段階における現象と同じである。この種の恥の形態は外面的な強制力によって引き起こされるが、良心は反省の意識として外面的判断や世評を内面化した形で生じる[19]。

ここには日本的社会の特質が大きな影響を及ぼしていると考えられる。そこで日本的人倫組織について反省してみなければならない。そのさい、和辻哲郎の『倫理学』で考察されている日本的人倫組織の特質を手がかりにすることができよう。彼によると日本人の「間柄的存在」は「わたし」を徹底的に排除しながら、きわめて著しい「私的存在」となっている。この論理的には不明確で、逆理的な性格こそ日本的風土となっている。彼は言う、「我々が手近に見いだし得る最も著しい私的な存在は何であろうか。それは孤立的存在ではなく、かえって間柄的存在なのである。すなわち、ただひとりの相手以外のあらゆる他の人の参与を拒むところの存在である。あらゆる他者の参与を拒むということがどこにも見いだせない不可能事であるのに対し、ただひとりの例外を除いてあらゆる他の人の参与を拒むということは、日常にきわめてありふれた存在の仕方なのである[20]」と。

日本人の間柄関係が、とくに和辻の言う「二人関係」において、相互献身に立つ私的性格をもっている点がここに指摘される。また森有正は『経験と思想』において和辻の見解を受け継ぎ、日本人においては「我と汝」という関係は成立しないで、「汝と汝」という「我」を消滅させた「汝」の「二項関係」が成立していると言う[21]。

そこで『我と汝』の著者マルティン・ブーバーの思想の重要な概念、Ausschliesslichkeit について考えてみたい。この語は「専一性」とも「排他性」とも訳される。「専一性」は他者に向かってその人格の全体をもって対向する姿勢を、「排他性」は他者の人格の付属物や所有関係を排斥して人格自体にかかわってゆく側面を、それぞれ表わしている。そのさい「専一性」をもって他者の人格に「汝」関係をとるならば、そこには排他的契機が働いていても、この汝関係の光の下に他の存在や存在者に開かれた関係をとってゆく点が明らかに認められる。もし二人関係にとじこもり、この開かれた関係をとっていかないならば、それは「排他的占有」となり、そこには「汝」の関係が物化し、私的なものに変質して、いわゆる「閉じた社会[22]」となると言えよう。したがって「専一性」は他の一切の「締め出し」(Ausschliessung) となってくる。ブーバーは次のように言う。

この世界におけるひとつの実在あるいは実在的なものとの真実な関係は、すべて専一的である。真実な関係において汝は、解き放たれ、歩み出てきて、かけがえのない唯一のものとしてわれわれに向かいあって存在する。……他のすべてのものはその汝の光のなかで生きるのである。だが汝がそれに化するやいなや、その広大な領界は世界にたいする不当となり、その専一性は一切のものの締め出しとなるのである[23]。

ここで述べられているように「汝」という関係行為、つまり「汝を語ること」によって呼び開かれてくる世界は、「汝が〈それ〉に化する」瞬間に、開いた社会から閉じた社会に変質し、「汝」は関係行為の積極性を喪失して、「汝」によって「わたし」を維持する保身的「閉じ込もり」を結果として生みだす。「汝」が変質しているのである。「汝」が物化し、自己疎外を起こしている。したがって日本的「汝の二項方式」、とか「間柄存在の私的性格」と言われていたものは、専一性が一切を締めだす「排除的占有」となってゆくさいに、ヨーロッパ的自我が独我論者シュティルナーの「唯一者」になるという仕方ではなくて、他者に向かう「汝」がわずかに開かれたままで凍結し、物化し、実体化して成立している。問題は日本人の場合には島国という地理的条件や人格神にふれることがなかったという歴史的制約や伝統、また豊かな自然に恵まれた自足性も影響しており、この間柄は「開かれながら閉じている」という矛盾したものとなった。したがってわたしたちは間柄存在を主とも中心とも見なして道徳をつくり、ヨーロッパ社会の個的主体性に対立して、間柄の優位を説いてきた。このような社会構造が永年にわたって支配してきた結果、島国に特有な「いじめの構造」が定着してしまった。こうした社会を再度創り変えるのにはキリスト教的人格性の理解が不可欠ではなかろうか。

4　霊性の特殊性と普遍性

これまで日本ではヨーロッパ文化は近代化や合理化の典型として賛美され、模倣されてきた。明治以降ヨーロッパを学ぶことは、ルネサンス以降の近代化と合理化を学ぶことであった。しかし近代化や合理化の起こした弊害が大きいのも確かで、現在、手放しにその文化を賛美する人はいない。けれども中世からの流れを追ってみると、近代化や合理化はヨーロッパ文化のほんの一側面であって、ギリシア文明の「知性」とキリスト教の「霊性」の融合したその文化形態は、その他にも素晴らしい卓越した要素をもっている。ところが日本におけるこれまでのヨーロッパ思想の受容は生命の根源である霊性を除いた、「亡霊となった屍」をありがたく取り入れたにすぎなかった。そこで今日ヨーロッパ思想の生命源である霊性を学び直すことがきわめて重要な課題として浮上してくる。

（1）霊性の普遍性と特殊性

そこでまず日本人の霊性理解について考えてみたい。最近ではよく知られるようになった鈴木大拙の『日本的霊性』がもっとも先駆的な業績なので、それによって考えてみよう。鈴木の説く「日本的霊性」は鎌倉仏教において創造されたものに過ぎないとしても、日本的な宗教性の伝統の一部を形成してきた。彼は言う。

霊性は普遍性をもっていて、どこの民族に限られたというわけのものでないことがわかる。漢民族の霊性もヨーロッパ諸民族の霊性も日本民族の霊性も、霊性である限り、変わったものであってはならぬ。しかし霊性の目覚めから、それが精神活動の諸事象の上に現われる様式には、各民族に相異するものがある、即ち日本的霊性なるものが話され得るのである。(24)

彼は宗教の大地性を強調する。「霊性の奥の院は、実に大地の座に在る。……それゆえ宗教は、親しく大地の上に起臥する人間、即ち農民の中から出るときに、最も真実性をもつ」（同上）。こうして彼は日本的霊性の特質を越後の農民の間にあって大地的霊性を経験した親鸞の『歎異抄』から解明した。

だが、同時にこの霊性の特質としてそれが「天地にわたって全宇宙的に充満しており、それゆえにそれはどこまでも天空的でありつつ、また大地的でもある」と河波昌は把握して、鈴木が説いた霊性の大地性に対し「天空性」を強調した。(25) そして「その天空的なるものが大地的になることによって、霊性は現実的基盤を有することになる」とも説いた。この有様は、たとえば有名な芭蕉の俳句「あら尊と　青葉若葉に　日の光」によって次のように説明された。「日常的に経験する日の光に霊性的なものの現起が見られる。日の光に対する感覚は実はその感覚を通して霊性的なものの喚起をも意味しているのである。〈あら尊と〉とは日常的なるものに対する霊性的なるものの突破の様を示している」と。

これに対しキリスト教はパウロ以来「神の霊」と「人の霊」とが交わるところに霊性を捉えている。それゆえ大地性でも天空性でもなく、神と人との人格的な交互性を力説していると言えよう。

(2) 霊性理解の特殊性

ところで鈴木は『日本的霊性』の「緒言」で霊性を次のように定義している。

「精神または心を物（物質）に対峙させた考えの中では、精神を物質に入れ、物質を精神に入れることができない。精神と物質との奥に、今一つ何かを見なければならぬのである。二つのものが対峙する限り、矛盾・闘争・相克・相殺などいうことは免れない。それでは人間はどうしても生きて行くわけにいかない。なにか二つのものを包んで、二つのものが畢竟《ひっきょう》ずるに二つでなくて一つであり、また一つであってそのまま二つであるということを見るものがなくてはならぬ。これが霊性である。……いわば、精神と物質の世界の裏に今一つの世界が開けて、前者と後者とが、たがいに矛盾しながら、しかも映発するようにならねばならぬのである。これは霊性的直覚または自覚によりて可能となる。霊性を宗教的意識といってよい。……霊性の直覚力は精神のよりも高次元のものであるといってよい。それから精神の意志力は霊性に裏付けられていることによって初めて自我を超越したものになる[26]」。

ここには日本的な霊性についての仏教的な見解が非人格的な宗教の視点から、とりわけ禅宗の立場から示されている。同じことは晩年の西田幾多郎がこの霊性をどのように受け止めていたかにも現れている。鈴木の書物が出た翌年、西田は「場所的論理と宗教的世界観」（一九四六年）の中でこの霊性を「心の根底」として捉えて、次のように語った。

我々の自己の根底には、どこまでも意識的自己を越えたものがあるのである。これは我々の自己の自覚的事実である。自己自身の自覚の事実について、深く反省する人は、何人もここに気附かなければならない。鈴木大拙はこれを霊性という（日本的霊性）。しかして精神の意志の力は、霊性に裏附けられることによって、自己を超越するといっている。……宗教心というのは、何人の心の底にもある。しかも多くの人はこれに気附かない。……宗教的信仰とは、客観的事実でなければならない、我々の自己に絶対の事実でなければならない、大拙のいわゆる霊性の事実であるのである。我々の自己の底にはどこまでも自己を越えたものがある、しかもそれは単に自己に他なるものではない、自己の外にあるのではない。そこに我々の自己の自己矛盾がある。ここに、我々は自己の在処に迷う。しかも我々の自己がどこまでも矛盾的自己同一的に、真の自己自身を見出すところに、宗教的信仰というものが成立するのである。故にそれを主観的には安心といい、客観的には救済という。[27]

西田は霊性を「心の根底」という自覚的に認められる宗教心を霊性として哲学的に捉えている。この「根底」概念は既述のようにエックハルトやタウラーによってヨーロッパでは説かれたものであるが、西田はこれによって宗教的な超越と「矛盾的自己同一」もしくは「逆対応」の事実が見られる点を指摘した。

このように鈴木大拙も西田も、精神と物質の二元論を超克するのが両者の根底にある霊の作用であると説き、「精神・物質・霊」の三者から自説を展開させる。これをキリスト教人間学の三分法「霊・魂・身体」と比較するとその相違が歴然となる。鈴木の三分法は形而上学的なものであって、認識における二元論を超克するために立てられており、物質を包含する。それに対しキリスト教の三分法は人間学的な構成となっている。ここから形而上学的で知的な悟りを求める仏教と人間学的で人格的なキリスト教との相違点も明瞭である。つまりキリスト教では根源的聖者イエスもしくはその使徒たちとの時空を超えた人格的な触れ合いを通して霊性が聖なるものを感得するのに対し、仏教では悟りが中心であるため知的な直観によって物質的な自然を超えた聖なる法を形而上学的に捉えようとする。そこから霊性の人格的情緒的側面と知性的直観的側面との相違が明らかになる。したがってキリスト教の霊性理解は人格的な特質にあることが認められる。

ところでここでとくに注意しなければならない点は、鈴木大拙や西田幾多郎によって把握されたヨーロッパの神秘思想がエックハルトに集中しており、西谷啓治においてもこの傾向は変わらず[28]、エックハルトの神秘主義がヨーロッパの霊性思想として採用されている点である。もちろん中世において展開した神秘主義はシェルドレイクも指摘するように神秘主義的霊性という特質を備えているにしても[29]、神秘主義の流れの中では少なくとも思弁的で知性的なドイツ神秘主義と人格的で情意的な花嫁神秘主義との対立があることが認められねばならない[30]。この歴史的事実に反して新プラトン主義に立つエックハルトの思弁的神秘主義のみが鈴木大拙や西田幾多郎また西谷啓治たちの禅宗の立場から受容された。だがキリスト教の信仰経験に根ざした人格主義的で情意的な神秘主義は全く無視されてしまった。このような一面的態度は鈴木において著しい。実はこの人格的で情意的な神秘主義こそ民衆の間に広く浸透し、かつ、歓迎され、ヨーロッパ的な霊性の基盤となったものである[31]。

このように「霊性」はさまざまな観点から理解されているけれども、わたしたちは「霊性」を感性や理性を超えた心の作用として捉えることができる。それは理性を超えた何ものかを捉える心の能力もしくは作用であるが、一般にはほとんどその存在にすら気づかれていない。だがそれでも霊性は、わたしたちの心の内奥に厳に備わっている機能である。どんなに理性の働きが謳歌され、合理的な科学の時代にそれがどれほど無視されようとも、それでもなお現実に霊性は働いている。これがあるかぎり洋の東西を問わず、宗教は必ず成立すると言えよう。一時的にその作用が曇らされたり、あるいは歪められたり、あるいは働きがなくなるほど打撃を受けたとしても、それでもなお、それは存在する。これによってわたしたちは現代のような無宗教の時代にあっても、信心にもとづく世界と自己との新しい理解を学び直すことができる。

5　仏教的な霊性との対話

キリスト教と仏教との間には霊性に関して相違点と共通点があげられる。先の比較考察によって解明された霊性の共通点は、人間が人間として有する宗教的な機能として両宗教においてともに確認される。したがって問題点はその相違点であって、それは非人格的で汎神論的な傾向をもつ仏教と、徹底的に人格主義を貫くキリスト教との間ではかなり大きいと言わねばならない。この点を明らかにするために「神の像」と「仏性」とを対比対照して考察してみたい。

(1)「神の像」と「仏性」との対比考察

「像」は「原像」との関係を前提しており、両者は神と人、キリストと信徒との関係を言い表わす。それに対し「仏性」は言葉の上では「神性」と字義的に類似していても、神性を求めて「神化」することはキリスト教ではあまり取り上げられず、一部の神秘主義の間で究明されてきた問題に過ぎない。

それに対し「神の像」というのは神の姿を写しているという点で「仏性」と一応関連があると思われるので、この対比がわたしたちの問題を解くのに役立つかも知れない。それゆえ、わたしたちは東西の霊性の相違点を神と人との関係を表明する「神の像」と万物に遍在する「仏性」の相違点から考察してみたい。

旧約聖書の創世記のはじめで既述のように人間の創造が物語られたとき、神の像について「我々にかたどり、我々に似せて、人を造ろう」（創一・二六）と語られた。神は世界と人間とを、プラトンのデミウルゴスのように工匠として何らかの素材から作るのではない。そうではなく神の言葉「成れ」によって万物を創造する。人間は世界と等しく被造物であるが、人間はほかのすべての被造物に優っている。それは神に「かたどり」神の姿に「似せて」造られたからである。神は語ることによって人間を創造した。そのさい「かたどって」が内包する前置詞の意味が重要である。[32] これをギリシア語訳の七十人訳は「kata（……にしたがって）」と訳した。そうすると「神の像」は人間が創造されるさいの神的な基準を意味していることになるが、同時にその基準に向かう運動とも理解される。この点を考慮してラテン訳のヴルガタ訳は「神はご自分の類似性の像に向けて（ad imaginem suae similitudinis）人間を造られた」と訳した。ここでは前置詞 ad が対格とともに方向や目標を意味し、人間の根源的な「神への対向性」を暗示する。したがって人間は神の創造によって一定の方向性をもった存在として造られ、静態的に「人間＝神の像」ではなく、動態的に神や「神の像」へ向かう存在として造られたと考えられる。

それゆえ人間存在は自力で自己を形成しうるものではなく、むしろ神に対向する性格を具えており、

「像」とは原像なる神に向けられる対向存在を示唆する。ここに人間の神に対する特別に親しい関係と地位がある。この関係は具体的には神と人との「契約」によって示され、この契約は旧約から新約に発展する。この神の契約や語りかけに人が応答し、契約を遵守するのが人間の使命ともなる。神はわたしに対し「あなた」と語る。まさにこのゆえに、わたしは神に対し「あなた」と語ることができる。人格的な神とは、人間を人格にまで育成する神なのである。「わたしはあなたの名を呼んだ、あなたはわたしのものである」（イザ四三・一参照）。イスラエルの宗教は神に対する人間の関係のすべてを、この語ることと聴くことに、つまり人格的な応答関係に置いている。それゆえ信仰とは聴従なのである。

それに対し仏性（buddha-dhatu）とは衆生が本来有している仏となる可能性である。「性」と訳される語は、教義上「種族」や「因」と同義とされる。それは元来、仏種もしくは仏の家柄で、そこに育った人が共通にもっている素性の意ともなる。またその所有者が菩薩である。仏性の語は、最初大乗の涅槃経において「一切衆生悉有仏性」と表現された。これは如来蔵経の「すべての衆生は如来蔵である」という宣言を継承し、衆生のうちなる如来や仏がやがて如来となるものと考えられた。それゆえ仏性は衆生に本来具わる清浄なる心であり、凡夫や悪人と言えども所有する。したがって「わが身に仏性ありと知らぬものを、凡夫とは申すなり」[33]とさえ言われる。では日本仏教においてこの仏性はどのように理解されていたのか。[34]

親鸞は『教行信証』で「一切衆生悉有仏性」を説明して、「大慈・大悲・大喜・大捨」とは、衆生でなく弥陀如来が因位におこし、衆生をして仏性を獲得させるものである。それゆえ一切悉有仏性としたのであると理解した。したがって「大慈・大悲・大喜・大捨」が衆生のものとなり、成仏の因となり、仏性となると説いて、仏性の意味を大きく転換された。[35]つまり「仏性は如来の廻向の信心であり」、そこには一切の功徳が備わっているので、この信心が仏性であるとした。このような解釈の転換を起こしたのは人間の側での無力の自覚であって、自力では「仏性」に到達し得ないことが強烈に自覚され、そこから仏によってのみ「仏性」を見いだすことができることが説かれた。それゆえ信心が仏性であり、これは如来と等しくなることであるとすると、どうしても人格的な出会いの要素は希薄となる。

ところが同時代の道元になると「仏性」の意味が自然の中にも拡大される。彼は『正法眼蔵』の「仏性」の巻とか「狗子己仏性」の公案などで、一切は本来空という立場から、仏性空を説き、「有仏性」かそれとも「無仏性」かを論じた。さらに彼は仏性の「草木国土これ心なり。心なるが故に衆生なり。衆生なるが故に仏性有り」とも言う。このように道元によって仏性の議論が万物の存在にまで拡大されたことは事実であって、仏性を信心にとどめた親鸞とは異なり、それが世界における存在にまで拡大された。こうして汎神論的な傾向を帯びるようになり、親鸞が説いた人格的な理解は後退していった。

汎神論には自然を神と同一視する原初的形態と万有の中に神が偏在するという万有在神論とがあり、後者に属するキケロが神が非人格的にすべての人がともに礼拝すべき普遍的な存在である、と説いたことがここで想起される。[36]もちろん自然に内在する神々は人間の世界にも関わりをもっている。そうでなければ誰も宗教的感情など神々に対しもつことができない。[37]ここには神々と人との間に世界や自然が置かれ、これらを通して両者の関係が規定される。ここから非人格的な神の理解が発生してくる。仏教もこうした万有内在神的傾向をもっている。

(2) 人格神と汎神論

人格神の伝統は神が「聖なるもの」として人間に語りかけるという経験から起こった。創世記には二つの世界創造の物語があって、そのうち古い物語は二章四節からはじまり、「主なる神は土(アダマ)の塵で人(アダム)を形づくり、その鼻に命の息を吹き入れられた。人はこうして生きたものとなった」(創二・七)と語られる。人間は土の塵で造られたので、その本質において朽ちて死すべきものである。しかし、それでも人が生きるのは神の霊が生命の息吹として吹き込まれたからである。それ自身では塵のように無なる存在であるので、人はただ神によって吹き込まれる生命によってのみ生きる。これが人間の被造物としての基本的理解である。次に創世記一章の祭司資料に向かうと、その最初の部分には「地は混沌であって、闇が深淵の面にあり、神の霊が水の面を動いていた」とある。この水は「原始の積水」(フォン・ラート訳)であって、それはバビロン神話のアスプーとティアマトという「始原の水」である神々を前提とする言葉である[38]。ここでは世界が造られる前に混沌状態が示唆される。だがヘシオドスの『神統記』のように混沌〔カオス〕が、神を生みだしたのではなくて、「初めに、神は天地を創造された」とあって、すべてに先立って最初から神は世界を超越した存在である。しかも「そして神は〈……成れ〉と語った。するとそのように成った」とあるように、その発する声によって万物が造られたと説かれる。その中に星辰が四日目に造られたとあって、太陽や月が被造物として創造されたことが告げられる。これによってバビロンの星辰宗教が拒絶される。実際、バビロン神話のマルドゥクは「太陽神」であったが、ここでは太陽は神々の名前ではなく、単なる巨大な燈火に過ぎない。

一般的に言ってわたしたちの目には見えなくともその声によって聖なるものの実在に触れることができる。ギリシア人は目の国民と言われるのに対し、ヘブライ人は耳の国民と言われる。イエスも「耳のあるものは聞くように」と言われる。つまり言葉を捉えるアンテナをもつ者は神の言葉を捉えることができる。それゆえルターは神学の器官もしくは道具は「耳」であると言う。なおパウロは「実に、信仰は聞くことにより、しかも、キリストの言葉を聞くことによって始まるのです」(ロマ一〇・一七)と語っている。こうした言葉、しかも生ける語られた言葉は、「声」によって直接わたしたちの心に触れる。

他者の声を聞く聴覚は事物を見る視覚と相違する。ヘルダーが最初に捉えたように、視覚は遠距離の感覚であって、実在を対象として捉える能力である。そこには実在との間に距離が設定される。ところで直接実在に触れるのは触覚で、近接感覚と言われる。聴覚は視覚と触覚の中間に位置を占める。そこでの距離は対話のために必要な間隔である。対話によって人格的な関係は形成される。この対話的な交互性が、単独な人からなる相互性を親密な間柄性と共同性へと導いていく。それに反し視覚は実在との距離が増大するにしたがって客観性を高めて、知性的な認識を実現させても、人格的な関係が薄れていってしまう。ここから人格的な宗教であるキリスト教と知性的な仏教との相違が生まれるのではなかろうか。

（3）仏教的霊性との対話

仏教とキリスト教との対話は今日に至るまで継続して行われてきた。両者とも歴史的に成立した実定的な宗教であるかぎり、教理に関する対立は簡単には解消できない。だが、霊性に関しては相互に学び合うことができる。キリスト教の霊性の中でもトマス・アクィナスの自然神学では知性が霊性によって導かれているため、仏教の中でも知性的な要素が著しく成長した禅との対話が可能であって、事実そのような試みがデュモリンから門脇佳吉に至るまで継続している[39]。それに対してルターと親鸞との比較研究もこれまで試みられてきた。そこから今日益々相互理解を深めていって、霊性の深化と普遍化を促進させることが将来の課題として期待されるであろう。

6　キリスト教の深化と普遍化

キリスト教人間学は人間の心の奥底に霊性の働きを認めてきた。この働きは最終的には論理的に解明されて、「霊性の論理」が明らかにされた。この点をルターと親鸞との比較によって考えてみよう。

(1) ルターが捉えた霊性の論理——逆対応と超過の論理

わたしたちはまずルターの代表作『キリスト者の自由』(一五二〇年) から彼がどのような霊性の論理を把握しているかを明らかにしてみよう。この書は彼の基本思想をできるかぎり簡潔にまとめあげたものであり、宗教的に豊かな経験にもとづいて心の深みから静かに溢れ出るように福音的な信仰を説き明かしたものである。わたしたちはここに信仰によって義とされるという彼の中心思想である義認論が、罪人のままで無罪放免される法廷的な義の宣告、つまり「宣義」としての「義認」が説かれていても、そこにはキリストと魂とが「一つとなる」霊的なウニオ (合一) も同時に力説されており、そこから「喜ばしい交換」がキリストと信徒との間に起こっている点を指摘してみたい。というのもここから「霊性の論理」として「逆対応」が説かれてくるからである。これが示されている文章を引用してみる。

ところで富裕な高貴な義なる花婿キリストが貧しい卑しい悪い賤婦を娶って、あらゆる悪からこれを解放し、あらゆる善きものをもってこれを飾りたもうとしたら、それは喜ばしい取り引き (交換) ではないか。そのさい罪が魂を滅びに陥れるということはありえない。なぜなら罪は今やキリストの負いたもうところとなり、キリストのうちに呑まれてしまうからである。こうして魂はその花婿のかくも豊満な義をもつので、たといあらゆる罪が押し寄せてきても、再度罪に対

抗することができる。(40)

このテキストでは「富裕な高貴な義なる花婿キリスト」と「貧しい卑しい悪い賤婦」とが婚姻のちぎりを結ぶことがまず示される。一般の対応では「義なる花婿」と「清純なる花嫁」が結ばれると思われるのに、ここでは「高貴なキリスト」と「悪い賤婦」が結ばれるとあるから、その対応は「逆対応」となっている。次にこの逆対応が「喜ばしい取り引き（交換）」として語られ、義認には「喜ばしい交換」が神と人との間に起こっていることが示される。ここに「神が授け人が受ける」授受の関係の内実が明らかにされる。ここからルターの独自な神学的な論理が生まれてくる。それは信仰によって飛躍が起こる「超過の論理」である。

だが、この論理を捉えるためにはこの喜びが心において「欣喜雀躍」となっている点を見ればよい。ルターは『マグニフィカト（マリアの讃歌）』で次のように言う。

神がいかに底深いところを顧み、貧しい者、軽蔑された者、悲惨な者、苦しむ者、捨てられた者、そして、まったく無なる者のみを、助けたもうような神にいますことを経験するとき、神は心から好ましくなり、心は喜びにあふれ、神において受けた大いなる歓喜のために欣喜雀躍（Überschwenglichkeit）するのである。するとそこに聖霊はいましたもうて、一瞬の間に、この経験において、わたしたちに満ち溢れる知識と歓喜とを教えたもう。(41)

ここでは神が「無なる者」のみを顧みると言われる。これは先の「悪い賤婦」と同じ状態を指している。そうすると自分の有様が悲惨であればあるほど、神に顧みられて恩恵を受容することが大きな喜びとなってくる。この喜びが小躍りする「欣喜雀躍」として叙述される。彼はここに神の霊とわたしたちの霊との出会いと交流を述べ、そこに「超過の論理」を捉えたのである。実際、霊と信仰とは同じ作用をなし、「信じる霊」（der glewbige geist）とも「霊の信仰」（glewben des geists）とも言われる。信仰はここではキリストに対する人格的な信頼であって、一般的に「見ることも経験することもない」ものに関わり、信仰によって高揚する。この高揚には「欣喜雀躍」という心情の運動が伴われる。このような心情の高揚する動きには悲惨な人間に対する神の顧みが前提されている。それは神と人との間に生じる「喜ばしい交換」であることをルターは先に引用した『キリスト者の自由』で明瞭に語っている。

こうした心情の動きはルターにおいては独自な論理を形成する。それはパウロの言葉「罪が増したところには、恵みはなおいっそう満ちあふれました」（ロマ五・二〇）に示されている宗教的な経験の生きる事実である。ここには罪の増加と反比例的に恩恵が増大するという「超過の論理」が成立する。こうした論理には先に指摘したように善行「にもかかわらず」罪人となり、悪行「にもかかわらず」善人であるという自覚が伴われている。(42)

（2）親鸞の悪人正機説

親鸞とルターの霊性論理は酷似しており、同じ内容の論理を形成する。この点を逆対応と超過の論理において明らかにしてみよう。

親鸞の霊性思想は『歎異抄』に示されているように、深刻な自己認識と念仏信仰との二つの契機が落ち合っているところで形成され、それは霊性論理にまで高められる。第一の契機である深刻な自己認識は「罪悪深重、煩悩熾盛の衆生」という言葉に示され、第二の念仏信仰は「悪人正機説」として説かれる。そこで彼自身の言葉を引用してみたい。

弥陀の本願には、老少善悪のひとをえらばれず、たゞ信心を要とするとしるべし。そのゆへは、罪悪深重、煩悩熾盛の衆生をたすけんがための願にてまします。しかれば本願を信ぜんには、他の善も要にあらず、念仏にまさるべき善なきゆへに。悪をもおそるべからず、弥陀の本願をさまたぐるほどの悪なきがゆへにと、云々。(43)

ここに「老少善悪のひとをえらばれず」とあるのは、いかなる人をも漏らすことのない本願の広さを表わすものである。「罪悪深重、煩悩熾盛の衆生をたすけん」との願は大悲の深さを語るものである。愛と憎しみという煩い悩みが燃えるのは人間の現実であり、これによって思い知らされることは自分の罪の深さ、罪悪深重である。だが、「その煩悩の心も念仏に和《なご》められ、その罪悪の身も本願の大悲にたすけられてゆく。それ故に念仏にまさる善はなく、本願をさまたぐる悪はないのである(44)」。ここから「善人なおもて往生をとぐ、いわんや悪人をや」と悪人正機説が説かれるが、そこには「逆対応」の論理が認められる。

さらに親鸞は唯円房と一緒に「踊躍《ゆやく》歓喜のこころ」をどうして感じないかとの疑問を呈しながらも、「これにつけてこそ、いよいよ大悲大願はたのもしく、往生は決定と存じさふらへ。踊躍歓喜のこころもあり、いそぎ浄土へもまいりたくさふらはんには、煩悩のなきやらんと、あやしくさふらひなましと、云々(45)」と言う。

真に偽らぬ自己凝視が、この感銘の深い唯円房との問答ともなったのであって、ここにあの「踊躍歓喜のこころ」が表明されるに至る。ここから進展していって念仏の相続や現生不退の思想も生まれる。この点でルターとの一致は驚くべきで、東西の霊性の共通点が見事に示されている。

(3) 東西霊性の交流と相互理解

かつてインド生まれのイギリスの作家キップリング（Joseph Rudyard Kipling, 一八六五―一九三六年）は「西は西、東は東。この二者は決して出会うことはない」と詠ったが、それは真実であろうか。両者は出会っても決して根底から理解できないほどに相違し、両立しがたいのであろうか。

この問いに応えている思想家は多数いると思われるが、ここではまずインドの優れた学者ラダクリユシュナムのオックスフォード大学における「東洋の諸宗教と倫理講座」就任講演を取りあげてみたい。それは「まだ生まれていない世界の魂」（The World's Unborn Soul）という題で一九三六年一〇月二〇日に行なわれた(46)。

この講演で提起された「東方の宗教と西洋思想」の問題点をまず取りあげてみたい。彼はキリスト教がギリシア思想を受容し、その総合を許ろうとしたが、それが啓示宗教であって、たとえアウグスティヌスによってギリシア思想との統合が試みられたとしても、ギリシア的な非人格的神性とは相容れないままになっている。こうした分裂が統合されないままに近代に入り、混乱は収まっていない。この現代の精神状況に対し東方思想の意義が説き明かされ、新しい道が東方思想によって開かれる。そこには新しい地平・新たなる展望・隣人との新しい関係が熱望されており、そのためには「さらに進んだ霊的な成熟」（a more advanced state of spiritual maturity）に達し、霊的な要素が完成されねばならない。ところで霊的体験として宗教を把握するインドの教えは、その本質において合理的であり、ヒューマニスティックである。ヒンドゥー教は宗教に対して合理主義的であって、科学的な精神を維持している。こうして「宗教はわたしたちが信仰によって把握すべき啓示よりも、人間存在の最深の層を覆っているものを取り除き、それとの永久的な触れ合いに至らんと努める」。ヒンドゥー教は信仰の対象を強調する啓示宗教ではなく、個人に最高の価値を付与する体験を重んじる。というのは宗教は「神の観念」（notion of God）にあるのではなく、救いの経験、自己を変革する体験（transforming experience）にあるから。したがって神性の明瞭な観念がなくとも、真の宗教はあり得るが、霊と俗の区別なしにはそれは不可能である。唯神論の場合でも、宗教の本質は神の体験ではなく、人間を改造する力の体験である。仏教では悟りと正見が重要であって、救済はこうした状態に達することである。こう述べてから彼は「人は神学について多くを知ることができるが、宗教の霊(spirit of religion)のほうは欠けたままである」と批判し、「人間を超えたところから人間を活かしながら注入されるエネルギーを受けて全精神は前向きに飛躍し、ある霊的瞬間に最高の霊に満たされて魂の求めが満たされる」と語る。彼はこのように霊性の意義を指摘し、キリスト教とインド宗教の相互理解を推奨した。

さらに注目すべきはルドルフ・オットーの『西東神秘主義――神秘主義の本質に関する比較分析』である。彼によると西方と東方の神秘的な体験と思想では人間の霊的体験の最深の衝動において驚くべき一致があり、人種や風土や時代から全く独立した、人間精神の隠された内面的で究極的なる類似性が認められる。このことは神秘主義という同一の本性について語ることができるからである。それは霊性の深みから発現しているがゆえに、東西の神秘主義を比較考察することによって東西の神秘主義には①風土や地理的条件や人種の違いによって全く影響を受けない、人間精神の原始的に強力な衝動があって、そこには体験の内的な関連における驚くべき類似が見られる。②神秘主義がつねに同一の性質であるとの主張は誤りであり、他の精神的な領域と同じく多様な表現と変化が認められる。③この多様性は人種とか地理的条件によっては決められないのであって、同じ人種や文化的なサークルの中でも見られる。[47]そこで東西の神秘思想を比較してみると①形而上学的思弁における類似性、②その教えは形而上学ではなく救済の教えであること。③認識の方法、アートマンと魂、被造物とマーヤー、自己高揚としての宗教という点に共通点があるが、相違点は①生命力、②高揚と謙虚およびその対極性、③ゴティック的人間や倫理内容において指摘される。ここでの神秘主義は霊性思想と読み替えることができる。

さらに西田幾多郎も「場所的論理と宗教的世界観」という論文の終わりで自説をさらにキリスト教に接近させて考察し、キリスト教と仏教に関して相反する両方向を認めることができる。そこに二つの宗教が成立するのであるが、単にその一方の立場に立つだけでは、真の宗教ではないと語って、相互の理解を促進すべきであると言う。そして「絶対愛の世界は互に捌く世界ではない。相互に敬愛し、自他一となって創造する世界である」と説いて、念仏の行者は非行非善的で、他力にして自力を離れた愛に生きており、わたしたちの自己が「創造的世界の創造的要素」として活動しなければならない。そこから二つの宗教について次のように語っている。

キリスト教的にいえば、神の決断即ち人間の決断的に、終末論的ということである。無難禅師は生きながら死人となりてなり果てて心のままにする業《わざ》ぞよきという。……その源泉を印度に発した仏教は、宗教的真理としては、深遠なるものがあるが、出離的たるを免れない。大乗仏教といえども、真に現実的に至らなかった。日本仏教においては、親鸞聖人の義なきを義とすとか、自然法爾とかいう所に、日本精神的に現実即絶対として、絶対の否定即肯定なるものがあると思うが、従来はそれが積極的に把握せられていない。単に絶対的受働とか、単に非合理的に無分別とかのみ解せられている。わたしはこれに反し真の絶対的受動からは、真の絶対的能動が出て来なければならないと考えるのである。(48)

この最晩年の思想において西田はキリスト教も仏教も相互に相手から学ぶべきものを示唆する。それぞれの信じる教義は互いに譲り合うことができない性格をもっているとしても、信仰の主体における機能においては学び合うことができる。こうしてわたしたちは信仰の深化と普遍化に至る希望をもつことができる。これまで考察してきたキリスト教人間学から再考すると、わたしたちは信仰の主体における機能を霊性の機能として詳しく解明してきた。その内容を単純化して言い直すと、霊性の機能は神を受容する働きではあるが、そこには同時に愛による創造作用が伴われている。したがって受容する機能には単なる受動機能だけではなく、受容しながら同時に新たに創りだす創造機能が内蔵されている。愛の創造作用はこれまでヨーロッパで大いなる歴史的な展開を見せており、日本におけるキリスト教徒も行動的になった。それに対して西田は日本仏教が「出離的」であると、つまり遁世的であると批判し、上述のように絶対的受動から絶対的能動が生まれることを力説する。これまで考察してきたように霊性作用には受動・変容・創造の三機能が内蔵されている。ところで遁世的に見える日本仏教は、そうであるだけますます知性的に深淵な洞察力を秘めており、その反対に今日のキリスト教は、あまりに活動的になると、思想的に貧困化するおそれがあるため、仏教から学ぶことも多くあるのではなかろうか。

註

（1）本書、八九頁。
（2）S・A・キルケゴール『死にいたる病』桝田啓三郎訳「世界の名著40」中央公論社、一九六六年、四七四頁。
（3）C・トレモンタン『ヘブル思想の特質』西村俊昭訳、創文社、二〇〇五年、一七九頁（訳文を一部変更）。
（4）金子晴勇『ルターとドイツ神秘主義――ヨーロッパ的霊性の「根底」学説による研究』創文社、二〇〇〇年、一二一―一七頁参照。
（5）金子晴勇、前掲書、一八〇―一九六頁参照。
（6）M・シェーラー『人間における永遠なもの』下巻、亀井裕他訳「シェーラー著作集7」一九七八年、二八一頁。
（7）シェーラー、前掲訳書、二七九頁。
（8）その事例は今日イスラム過激派のテロ集団（「イスラム国」）であり、思想的にニヒリズムの様相を呈している。歴史的な類似現象としてはアウグスティヌス時代のドナティストの過激集団（放浪修道士団）や宗教改革時代のミュンツァーが率いる過激な霊性主義や日本のオウム真理教などがある。
（9）G・W・F・ヘーゲル『精神の現象学』上巻、金子武蔵訳、岩波書店、二〇〇二年、一八二頁。「われ」と「われわれ」とにより個人と社会との関連がここに示されている。
（10）G・W・F・ヘーゲル『理性の復権――フィヒテとシェリングの哲学体系の差異』山口祐弘・星野勉・山田忠彰訳、アンヴィエル、一九八二年、八五頁。

（11）一般的に言っても徹底した自律の主張は、現実には稀であって、どこまでも貫徹しうる性質のものではなかった。カントはその『宗教論』の中で根本悪を説かざるを得なかったし、エラスムスも「わたしには多少のものを自由意志に帰し、恩恵に多大のものを帰している人々の見解が好ましいように思われる」（D. Erasmus, Ausgewählte Schriften, Bd. IV, De libero arbitrio, diatribe sive collatio, V, 16.）と言って、恩恵を排除するどころか、自由意志を最小限のところにまで後退させている。

（12）P. Tillich, Theonomie, RGG. 2Auf., Bd. 5, Sp. 1128.

（13）P・ティリッヒ『キリスト教思想史Ⅱ』佐藤敏夫訳「ティリッヒ著作集別巻3」白水社、一九八〇年、四二頁。

（14）S・A・キルケゴール『不安の概念』「世界の名著40」二五九頁。

（15）アウグスティヌス『手紙』一五七・二・八。

（16）アウグスティヌス『ペラギウス派の二書簡駁論』三・八・四。

（17）このアウグスティヌスの三段階説はもっともよく知られた図式では、①無垢の状態「罪を犯さないことができる」（posse non peccare）、②罪の奴隷状態「罪を犯さざるを得ない」（non posse non peccare）、③キリストによる新生「罪を犯すことができない」（non posse peccare）から成立している。

（18）H・H・ガース／C・W・ミルズ『性格と社会構造――社会制度の心理学』古城利明・杉森創吉訳、青木書店、一九七〇年、一二四頁。

（19）金子晴勇『恥と良心』教文館、一九八五年、二六―三二頁参照。

（20）和辻哲郎『倫理学』上巻、岩波文庫、一九六七年、三三五頁。

（21）森有正『経験と思想』岩波書店、一九七七年、九五頁。

(22) H・ベルグソン『道徳と宗教の二源泉』で用いられた概念。
(23) M・ブーバー『対話的原理I』田口義弘訳、みすず書房、一九七八年、一〇三頁。
(24) 鈴木大拙『日本的霊性』岩波文庫、一九七二年、二〇頁。
(25) 河波昌「『日本的霊性』について」『大乗禅』中央仏教社、一九九六年九月、八二六号（鈴木大拙逝去二〇周年特集号）六頁。
(26) 鈴木大拙、前掲書、一六―一八頁。
(27) 西田幾多郎「場所的論理と宗教的世界観」『自覚について』岩波文庫、一九八九年、三四―四九頁。
(28) この点について西谷啓治は『宗教とは何か』の中で西田の思想を受け継ぎながらニヒリズムの強い影響のもとに意識を超えた存在の根底を虚無において捉えている。「意識の場は、自己といふ存在と事物といふ存在との係はりの場であり、要するに存在だけの場、存在の根底にある虚無が覆ひ隠されてゐる場である。そこでは自己も、一種の客観化を受け、〈存在〉として捉へられる。併しその意識の場、存在だけの場を破って、その根抵なる虚無に立つ時、自己は初めて客観化を受けぬ主体性に達し得る。それは自己意識よりも一層根源的な自覚である」（西谷啓治『宗教とは何か』創文社、一九六一年、二二―二三頁）。
(29) P・シェルドレイク『キリスト教霊性の歴史』木寺廉太訳、教文館、二〇一〇年、一二頁参照。
(30) E・アンダーヒル『神秘主義』門脇由起子他訳、シャブラン出版、一九九〇年、三九二―三九四頁。
(31) この点は神秘主義的「根底」が「霊」に変換される若きルターの思想において歴史的にきわめて明瞭なプロセスを残している。金子晴勇『ルターとドイツ神秘主義』一八〇―一八五頁参照。
(32) 原語は be（=in）と tselen となっているが、その in の意味が大切である。

(33)『法華百座』三・一二。
(34)なおインドでは、もっぱら「衆生」すなわち生きとし生けるもの、有情の生物のみに関して仏性の有無が論議されているが、中国では『荘子』にあるように仏性は在らざる所無く、草木土石の無情の物にも在るとする。
(35)親鸞『教行信証』金子大栄編「親鸞著作全集」法蔵館、一九六四年、一一〇頁。
(36)キケロ『神々の本性について』山下太郎訳「キケロー選集11」岩波書店、二〇〇〇年、六頁。
(37)キケロ、前掲訳書、同頁。
(38)ここでの原始の海(tehom)は言語的に言ってティアマト(tiamat)と同じ語である。
(39)H・デュモリン『仏教とキリスト教との邂逅』西村恵信訳、筑摩書房、一九七五年、門脇佳吉『禅仏教とキリスト教神秘主義』岩波書店、一九九三年。
(40)M. Luther, WA. 7, 25, 26.
(41)M. Luther, WA. 7, 547-548.
(42)この点に関して Ricoeur, The Conflict of Interpretation, Essays in Hemeneutics, 1974, p. 437 参照。
(43)『歎異抄』金子大栄校注、岩波クラシックス、一九八二年、四〇―四一頁。
(44)前掲書、四一―四二頁。
(45)前掲書、五四―五五頁。
(46)S. Radhakrishnan, Eastern Religions and Western Thought, 1939, pp. 1-34.
(47)邦訳、三六八―三七〇頁。
(48)西田幾多郎「場所的論理と宗教的世界観」三六八―三七〇頁。

参考文献（本書で引用した文献のみ掲載）

序文——わたしたちはキリスト教人間学から何を学ぶのか

大塚節治『基督教人間学』全国書房、一九四八年。

ソポクレス『アンティゴネー』呉茂一訳、岩波文庫、一九六一年。

ラインホルド・ニーバー『キリスト教人間観』第一部、武田清子訳、新教出版社、一九五一年。

M・ルター『キリスト者の自由』石原謙訳、岩波文庫、一九八三年。

I　人間学との関係

W・パネンベルク『人間とは何か——神学の光で見た現代の人間学』熊澤義宣・近藤勝彦訳「現代キリスト教思想双書14」白水社、一九七五年。

M・シェーラー『宇宙における人間の地位』亀井裕・山本達訳「シェーラー著作集13」白水社、一九七七年。

B. Groethuysen, Philosophische Anthropologie, 1909, 2 Aufl.

L・A・フォイエルバッハ『将来の哲学の根本命題』村松一人・和田楽訳、岩波文庫、一九六七年。

M・ハイデガー『カントと形而上学の問題』木場深定訳、理想社、一九六七年。

M・ブーバー『人間とは何か』児島洋訳、理想社、一九六八年。

M・シェーラー『人間と歴史』亀井裕・安西和博訳「シェーラー著作集13」白水社、一九七七年。

I・カント『プロレゴーメナ』土岐邦夫・観山雪陽訳「世界の名著32」中央公論社、一九七二年。

O・F・ボルノウ「哲学的人間学とその方法的諸原理」O・F・ボルノウ/H・プレスナー編、藤田健治他訳『現代の哲学的人間学』白水社、一九七六年。

H・プレスナー「隠れたる人間」『現代の哲学的人間学』(同上)。

金子晴勇『マックス・シェーラーの人間学』創文社、一九九五年。

Ⅱ　聖書の人間観

H・W・ヴォルフ『旧約聖書の人間論』大串元亮訳、日本基督教団出版局、一九八三年。

M・ヴェーバー『古代ユダヤ教』上巻、内田芳明訳、みすず書房、一九六二年。

E・デュルケム『宗教生活の原初形態』上巻、岩波文庫、一九七五年。

E・ケーゼマン『パウロ神学の核心』佐竹明・梅本直人訳、ヨルダン社、一九八〇年。

W・ブルトマン『新約聖書神学Ⅱ』川端純四郎訳「ブルトマン著作集5」新教出版社、一九八〇年。

W・G・キュンメル『新約聖書の人間像』松木真一訳、日本基督教団出版局、一九六九年。

佐野勝也『使徒パウロの神秘主義』第一書房、一九三五年。

金子晴勇『キリスト教霊性思想史』教文館、二〇一二年。

Ⅲ　キリスト教人間学の歴史

アウグスティヌス「アウグスティヌス著作集」全三〇巻、教文館、一九七九年―（引用作品については省略する）。

トマス・アクィナス『神学大全』創文社、一九六〇―二〇一二年（巻・部その他については省略する）。

M・ルター「ルター著作集」全一〇巻、聖文舎、一九六四―一九八〇年（引用作品については省略する）。

エラスムス『エラスムス神学著作集』金子晴勇訳、教文館、二〇一六年。

フェルナンド・ファン・ステンベルゲン『トマス哲学入門』稲垣良典・山内清海訳、文庫クセジュ、一九九〇年。

J・ルクレール『修道院文化』神崎忠昭・矢内義顕訳、知泉書館、二〇〇四年。
G. Ebeling, Cognitio Dei et hominis, in : Luterstudien, BdI. I, 1971.
P. Althaus, Die Theologie M. Luthers, 1962.
Th. Rabb, The Struggle for Stability in Early Modern Europe, 1975.
I・カント『宗教論』飯島宗享・宇都宮芳明訳「カント全集9」理想社、一九七四年。
メーヌ・ド・ビラン『人間学新論――内的人間の科学について』増永洋三訳、晃洋書房、二〇〇一年。

W・パネンベルク『近代世界とキリスト教』深井智朗訳、聖学院大学出版会、一九九九年。

M・シェーラー『同情の本質と諸形式』青木茂・小林茂訳「シェーラー著作集8」白水社、一九七七年。

M・シェーラー『宇宙における人間の地位』（前出）。
H. Plessner, Die Stufen des Organischen und der Mensch, 3 Auf., 1975.
K・バルト『ローマ書講解』上巻、小川圭治・岩波哲男訳、平凡社ライブラリー、二〇〇一年。
E. Brunner, Die Mystik und das Wort., 2 Auf., 1928.
E・ブルンナー『キリスト教と文明』熊沢義宣訳「現代キリスト教思想叢書10」白水社、二〇〇一年。

E・ブルンナー『人間』吉村義夫訳、新教出版社、一九五六年。

丸山仁夫訳編『自然神学の諸問題』新生堂、一九三六年。

近藤定次『バルト神学における神と人』新教出版社、一九五〇年。

K・バルト『人間性について』山本和訳、「現代の信仰3」平凡社、一九六七年。

ラインホルド・ニーバー『キリスト教人間観』（前出）。

リチャード・ニーバー『責任を負う自己』小原信訳、新教出版社、一九六七年。
P. Tillich, Das Religioöse Fundament des morarischen Handelns, Gesammelte Werke Bd. III, 1965.
P・ティリッヒ『組織神学』第三巻、土居真俊訳、新教出版社、一九八四年。

W・パネンベルク『人間とは何か』（前出）。

W・パネンベルク『人間学――神学的考察』佐々木勝彦訳、教文館、二〇〇八年。

内村鑑三『内村鑑三全集』(旧版) 第8巻、「教義研究」上、第11巻「講演」下、岩波書店、一九三三年。

内村鑑三『キリスト教問答』講談社学術文庫、一九九六年。

中沢洽樹『「仰瞻」のキリスト論――覚え書』「中沢洽樹選集3」キリスト教図書出版社、一九九九年。

内村鑑三『ロマ書の研究』上巻、下巻「内村鑑三聖書注解全集16、17」教文館、一九六五年。

金子晴勇『アウグスティヌスとその時代』知泉書館、二〇〇四年。

金子晴勇『ルターとドイツ神秘主義――ヨーロッパ的霊性の「根底」学説による研究』創文社、二〇〇〇年。

金子晴勇『宗教改革の精神――ルターとエラスムスの思想対決』講談社学術文庫、二〇〇一年。

金子晴勇『近代人の宿命とキリスト教』聖学院大学出版会、二〇〇一年。

Ⅳ　キリスト教人間学の課題

プラトン『饗宴』森進一訳、新潮文庫、一九七一年。

プラトン『ソークラテースの弁明』田中美知太郎・池田美恵訳、新潮文庫、一九八三年。

トマス・アクィナス『神学大全』(前出)。

J・ヨンパルト『人間の尊厳と国家の権力』成文堂、一九九七年。

Von Rad, Genesis, in: Das Alte Testament Deutsch, 1967.
E. Jacob, Theology of the Old Testament, 1958.
キケロ『アッティクス宛書簡集』全二冊、根本和子・川崎義和訳『キケロー選集13、14』岩波書店、二〇〇〇年。

M・ブーバー『我と汝』田口義弘訳「ブーバー著作集1　対話的原理I」みすず書房、一九六七年。

M・ブーバー『我と汝・対話』植田重雄訳、岩波文庫、一九七九年。

I・カント『人倫の形而上学の基礎づけ』野田又夫訳「世界の名著39」中央公論社、一九七二年。
F. J. J. Buytendijk, Das Menschliche. Wege zu seinem Verstandnis, 1958.
M・シェーラー『宇宙における人間の地位』（前出）。

M・シェーラー『倫理学』第三巻、飯島宗享訳「シェーラー著作集3」白水社、一九八〇年。

M・シェーラー『道徳の構造におけるルサンティマン』林田新二訳「シェーラー著作集4」白水社、一九七七年。

内村鑑三『ロマ書の研究』上巻「内村鑑三聖書注解全集16」教文館、一九六五年。

パスカル『パンセ』前田陽一・由木康訳「世界の名著24」中央公論社、一九六六年。

アウグスティヌス『真の宗教』「アウグスティヌス著作集2」教文館、一九七九年。

S・A・キルケゴール『死にいたる病』桝田啓三郎訳「世界の名著40」中央公論社、一九六六年。

S・A・キルケゴール『反復』桝田啓三郎訳、岩波文庫、一九五六年。

E・トレルチ『古代キリスト教の社会教説』高野晃兆・帆苅猛訳、教文館、二〇〇七年（オンデマンド版）。

H・ベルグソン『道徳と宗教の二源泉』平山高次訳、岩波文庫、一九七七年。

石原謙『中世キリスト教研究』岩波書店、一九五二年。

F・テンニエス『ゲマインシャフトとゲゼルシャフト』上巻、杉乃原寿一訳、岩波文庫、一九五七年。

M・シェーラー『同情の本質と諸形式』（前出）。

P・L・バーガー『社会学への招待』水野節夫・村山研一訳、新思索社、一九七九年。

P・ティリッヒ『プロテスタントの時代』古屋安雄訳「現代キリスト教思想叢書8」白水社、一九七四年。

S・A・キルケゴール『おそれとおののき』桝田啓三郎訳「世界の大思想24」河出書房、一九六六年。

金子晴勇『ヨーロッパの人間像――「神の像」と「人間の尊厳」の思想史的研究』知泉書館、二〇〇二年。

金子晴勇『アウグスティヌスとその時代』知泉書館、二〇〇四年。

金子晴勇『愛の思想史』知泉書館、二〇〇三年。

金子晴勇『アウグスティヌスの恩恵論』知泉書館、二〇〇六年。

金子晴勇『ルターの人間学』創文社、一九七五年。

金子晴勇『キリスト教霊性思想史』（前出）。

金子晴勇『人間学講義』知泉書館、二〇〇三年。

V　キリスト教人間学の将来

C・トレモンタン『ヘブル思想の特質』西村俊昭訳、創文社、一九七七年。

M・シェーラー『人間における永遠なもの』(前出)。

G・W・F・ヘーゲル『精神の現象学』上巻、金子武蔵訳、岩波書店、二〇〇二年。

G・W・F・ヘーゲル『理性の復権――フィヒテとシェリングの哲学体系の差異』山口祐弘・星野勉・山田忠彰訳、アンヴィエル、一九八二年。

エラスムス『評論「自由意志」』山内宣訳「ルター著作集7」聖文舎、一九六六年。

P・ティリッヒ『キリスト教思想史Ⅱ』佐藤敏夫訳「ティリッヒ著作集」別巻3、白水社、一九八〇年。

S・A・キルケゴール『不安の概念』田淵義三郎訳「世界の名著40」(前出)。

アウグスティヌス『アウグスティヌス書簡集(2)』金子晴勇訳「アウグスティヌス著作集別巻2」教文館、二〇一三年。

H・H・ガース/C・W・ミルズ『性格と社会構造』古城利明・杉森創吉訳、青木書店、一九七〇年。

和辻哲郎『倫理学』上巻、岩波書店、一九六七年。

森有正『経験と思想』岩波書店、一九七七年。

H・ベルグソン『道徳と宗教の二源泉』（前出）。

ブーバー『我と汝・対話』植田茂雄訳（前出）。

鈴木大拙『日本的霊性』岩波文庫、一九七二年。

河波昌「『日本的霊性』について」『大乗禅』中央仏教社、一九九六年九月、八二六号（鈴木大拙逝去二〇周年特集号）。

西田幾多郎「場所的論理と宗教的世界観」『自覚について』岩波文庫、一九八九年。

西谷啓治『宗教とは何か』創文社、一九六一年。

P・シェルドレイク『キリスト教霊性の歴史』木寺廉太訳、教文館、二〇一〇年。

親鸞『教行信証』金子大栄校訂、岩波文庫、一九五七年。

キケロ『神々の本性について』山下太郎訳「キケロー選集11」岩波書店、二〇〇〇年。
P. Ricoeur, The Conflict of Interpretation. Essays in Hemeneutics, 1974.
親鸞『歎異抄』金子大栄校注、岩波クラシックス、一九八二年。
S. Radhakrishnan, Eastern Religions and Western Thought, 1939.
R・オットー『西と東の神秘主義——エックハルトとシャンカラ』華園聡麿・日野紹運・ハイジック訳、人文書院、一九九三年。

金子晴勇『ルターとドイツ神秘主義』（前出）。

金子晴勇『恥と良心』教文館、一九八五年。

あとがき

本書『キリスト教人間学入門――歴史・課題・将来』はわたしがこれまで長い歳月をかけて探求してきた研究課題の最終報告書である。というのも、わたしは哲学の分野としては「人間学」を、思想史の分野では「ヨーロッパのキリスト教思想史」を、それぞれ選んで研究を続けてきたが、この二分野を総合すると「キリスト教人間学」となるからである。しかしわたしはもうすでに最晩年を迎えているので、これまで研究してきたことを全体としてまとめることは、そう簡単に実現できるものではない。そこであえて「入門」と銘打って、必要最小限のことをできるだけやさしく語るように試みてみたのである。

人間学に関しては『人間学講義』(知泉書館、二〇〇三年)にわたしの考えをまとめてあるので、「I　人間学との関係」はそれを使って簡略にまとめることができた。同様に「II　聖書の人間観」もこれまで書いたものを参照して要約的に叙述することができた。もっとも難航したのは「III　キリスト教人間学の歴史」であった。そこはわたしの専門分野であるため、あまりに多くの問題が山積しているのを知っているので、これを要約するのは不可能に近いように思われた。だが、少なくともその内容を重点的に紹介するように努めた。それに加えて日本のキリスト教に少しでも触れたかったので、新たに「内村鑑三の人間学」を終わりに補うことにした。次の「IV　キリスト教人間学の課題」

は本書の中心部分であって、すべてが新しい試みとして企画されており、わたしの考えをこれまで発表してきた書物を参照しながら簡潔にまとめるように心がけた。最終章の「V　キリスト教人間学の将来」はまだ十分に探求されていないがゆえに、これからも続けて探求すべき問題点と研究の手がかりとを提示したものである。なお、その終わりにキリスト教と仏教との人間学的な比較考察をあえて加えたのは、いっそう多くの同胞にキリスト教を理解してもらいたかったからである。

終わりにこの著作の全体を通して研究の核心となっている「キリスト教の三分法」について補足的に述べておきたい。わたしはこれまでキリスト教人間学をこの三分法から考察してきたが、それはわたしがエラスムスとルターの人間学から学んだものであって、わたし自身の発想によるものではない。もちろん人間学の根本思想として何を立てるかはわたし自身からなされなければならない。ただ、こういう視点や観点がどれほどの射程をもっているかは、実際にそれを人間学の歴史と思想に適応したり、その他の分野に応用してみないと分からない。それゆえ三分法などくだらないと即断することだけは控えていただきたい。この点を蛇足的に付言しておきたい。

出版にあたってはいつもお世話になっている教文館に多大のご迷惑をおかけしたのではないかと思い、申し訳なく感じている。このようなかたちでわたしの考えを発表することにご理解をいただいた渡部満社長と校正の任にあたられた出版部の福永花菜さんには心からお礼を申し上げます。

二〇一六年三月一七日

金子晴勇

《著者紹介》
金子晴勇（かねこ・はるお）
1932年生まれ。1962年京都大学大学院文学研究科博士課程修了。文学博士（京都大学）。現在、岡山大学名誉教授、聖学院大学総合研究所名誉教授。

著書　『キリスト教倫理学入門』『ヨーロッパの思想文化』『人間学から見た霊性』『キリスト教霊性思想史』（以上、教文館）、『ヨーロッパ人間学の歴史』『現代ヨーロッパの人間学』『エラスムスの人間学』（以上、知泉書館）他。

訳書　M. ルター『主よ、あわれみたまえ』『心からわき出た美しい言葉』『ルター神学討論集』、アウグスティヌス『神の国』上・下（共訳）、『アウグスティヌス神学著作集』（共訳）、エラスムス『エラスムス神学著作集』、H. チャドウィック『アウグスティヌス』（以上、教文館）、『エラスムス『格言選集』』（以上、知泉書館）他。

キリスト教人間学入門——歴史・課題・将来

2016年4月30日　初版発行

著　者　金子晴勇
発行者　渡部　満
発行所　株式会社　教文館
〒104-0061 東京都中央区銀座 4-5-1 電話03(3561)5549 FAX03(5250)5107
URL　http://www.kyobunkwan.co.jp/publishing/
印刷所　モリモト印刷株式会社

配給元　日キ販　〒162-0814 東京都新宿区新小川町 9-1
電話 03(3260)5670　FAX 03(3260)5637

ISBN 978-4-7642-6112-9　Printed in Japan